Moll · Die katholischen deutschen Martyrer des 20. Jahrhunderts

HELMUT MOLL

im Auftrag der Deutschen Bischofskonferenz

DIE KATHOLISCHEN DEUTSCHEN MARTYRER DES 20. JAHRHUNDERTS

EIN VERZEICHNIS

FERDINAND SCHÖNINGH

PADERBORN · MÜNCHEN · WIEN · ZÜRICH

Die Deutsche Bibliothek – CIP-Einheitsaufnahme

Moll, Helmut:
Die katholischen deutschen Martyrer des 20. Jahrhunderts: ein Verzeichnis / Helmut Moll. (Im Auftr. der Deutschen Bischofskonferenz). – Paderborn; München; Wien; Zürich: Schöningh, 1999
ISBN 3-506-75777-6

Umschlaggestaltung: INNOVA GmbH, D-33178 Borchen

Gedruckt auf umweltfreundlichem, chlorfrei gebleichtem und alterungsbeständigem Papier ♾ ISO 9706

Printed in Germany. Herstellung: Ferdinand Schöningh, Paderborn

ISBN 3-506-75777-6

INHALTSVERZEICHNIS

EINFÜHRUNG

Viele beklagen die um sich greifende Gedächtnislosigkeit unserer Zeitgenossen. Was in den Geschichtsbüchern steht, erscheint häufig veraltet oder ist weithin vergessen. Der heutige Mensch wird freilich tagtäglich mit tausend und mehr Informationen überschüttet, die er weder voll aufnehmen geschweige denn verarbeiten kann. Auch die Tatsache, daß wir – zumindest in Europa und in den Vereinigten Staaten von Amerika – in einer Informationsgesellschaft leben, läßt den Sinn für bleibend Gültiges und historisch Bedeutendes zusehends verblassen. Die negativen Wirkungen einer schnellebigen Zeit dürfen daher nicht unterschätzt werden. Aufgrund dieses ständig stärker werdenden Phänomens erscheint es angezeigt, gegen die Gefahren eines selektiven Erinnerns ebenso anzugehen wie gegen eine Geschichtslosigkeit, der entscheidende Maßstäbe verloren zugehen drohen. Insgesamt gilt: Ohne Herkunft keine Zukunft. Eine Zeit ohne Gedächtnis verlöre zudem ihre Tiefe.

Als Johannes Paul II. am 10. November 1994 das Apostolische Schreiben *Tertio millenio adveniente* unterzeichnete, richtete sich sein Augenmerk auf das Jubiläumsjahr 2 000, insbesondere auf die heilsgeschichtliche Bedeutung der Sendung Jesu Christi für die gesamte Menschheit. Beim näheren Eintreten in die Lektüre dieses Schreibens spürt der nachdenkliche Leser, von welchen geistesgeschichtlichen Voraussetzungen der Papst ausgeht. Am Ende eines leidgeprüften und durch zwei Weltkriege zerrissenen Jahrhunderts sollen Männer und Frauen dem Vergessen entrissen werden, die um des christlichen Glaubens willen von Verfolgung und Tötung heimgesucht worden sind. So verwundert es nicht, wenn gerade auch von dieser Seite aus der Versuch unternommen wird, der stärker werdenden Geschichtsvergessenheit entgegenzuwirken, unser Gedächtnis zu reinigen, um so jener Christen im „Jahrhundert der Wölfe" (Nadeshda Mandelstam) zu gedenken, die für die Wahrheit des Glaubens den gewaltsamen Tod erlitten haben. Diese Glaubenszeugen widerstanden der lauernden Versuchung, das elementare Recht auf Leben zu mißachten und die sittlichen Maßstäbe zu zerbrechen, weil ihnen das Apostelwort vor dem Hohen Rat vor Augen stand: „Man muß Gott mehr gehorchen als den Menschen" (Apg 8,29).

Das Projekt Johannes Pauls II.

Der aus dem Osten Europas kommende Papst, der unweit des menschenverachtenden Vernichtungslagers Auschwitz zur Welt kam und in den schrecklichen Jahren den Geruch verbrannter Leichen wahrnahm, muß als der eigentliche Ideengeber dieses universalkirchlichen Projekts bezeichnet werden. Seine Absicht bestand vor allem darin, dem Verdrängen der geschichtlichen Greueltaten in unserem zu Ende gehenden Jahrhundert ebenso Einhalt zu gebieten wie der Last der eigenen Geschichte vorurteilsfrei zu begegnen. Zudem soll die gegenwärtige und zukünftige Generation der Menschen nicht vergessen, daß es neben vielfältigem Versagen auch heroische Glaubenszeugnisse von Christen gegeben hat, deren Andenken gewahrt werden muß. Die Blutzeugen bringen uns in Berührung mit ihrem sieghaften Glauben. Alle diese Phänomene in den Blick nehmend, stellte das Oberhaupt der katholischen Kirche in seinem Apostolischen Schreiben über die Kirche an der Schwelle zum dritten Jahrtausend fest: „Am Ende des zweiten Jahrtausends ist *die Kirche erneut zur Martyrerkirche* geworden. Die Verfolgung von Gläubigen – Priestern, Ordensleuten und Laien – hat in verschiedenen Teilen der Welt eine reiche Saat von Martyrern bewirkt. Das Zeugnis für Christus bis hin zum Blutvergießen ist zum gemeinsamen Erbe von Katholiken, Orthodoxen, Anglikanern und Protestanten geworden, wie schon Paul VI. in der Homilie bei der Heiligsprechung der Martyrer von Uganda betonte. *Das ist ein Zeugnis, das nicht vergessen werden darf*" (Nr. 37). Diese Anregung aufgreifend, werden im vorliegenden Band auch die nicht-katholischen christlichen Glaubenszeugen namentlich erwähnt und mit einem sog. Vierzeiler vorgestellt, sofern sie in ökumenischen Gruppen tätig waren.

Die Vision des Heiligen Vaters reicht offenkundig weiter als das ideologisch, politisch und kulturell zerstrittene Europa, das in die schmerzlichen Erfahrungen der beiden Weltkriege wesentlich mit eingebunden war. Über Europa hinausweisend und den „Ökumenismus der Martyrer" (ebd.) unterstreichend, geht sein Blick auf alle Kontinente mit ihren spezifischen Sorgen und Nöten. „In unserem Jahrhundert sind die Martyrer zurückgekehrt, häufig unbekannt, gleichsam ‚unbekannte Soldaten' der großen Sache Gottes. Soweit als möglich dürfen ihre Zeugnisse in der Kirche nicht verlorengehen. Wie beim Konsistorium empfohlen wurde, muß von den Ortskirchen alles unternommen werden, um durch das Anlegen der notwendigen Dokumentation nicht die Erinnerung zu verlieren an diejenigen, die das Martyrium erlitten haben" (ebd.).

Umsetzung durch die Deutsche Bischofskonferenz

Das bereits mehrfach zitierte päpstliche Schreiben „an die Bischöfe, Priester und Gläubigen zur Vorbereitung auf das Jubeljahr 2 000" wurde von der Deutschen Bischofskonferenz aufmerksam zur Kenntnis genommen und inhaltlich aufgegriffen. Während der Herbstvollversammlung der deutschen Bischöfe im September 1995 in Fulda erfolgte die entscheidende Weichenstellung: Da die Erarbeitung eines deutschen Martyrologiums des 20. Jahrhunderts im wesentlichen liturgischer Natur ist, erteilte der Konferenzvorsitzende, Bischof Karl Lehmann, dem Vorsitzenden der Liturgiekommission der Deutschen Bischofskonferenz, Joachim Kardinal Meisner, den Auftrag, die Verwirklichung des päpstlichen Projektes in die Hand zu nehmen. Bei der Suche nach einem in der fraglichen Materie kundigen Kandidaten stellte der Kölner Kardinal meine Tätigkeit als theologischer Konsultor an der römischen Kongregation für die Selig- und Heiligsprechungsverfahren seit dem Jahre 1993 in Rechnung und bestellte mich mit Datum vom 1. Januar 1996 zum Beauftragten der Deutschen Bischofskonferenz für die Erstellung des Blutzeugenverzeichnisses des 20. Jahrhunderts.

Auf Anraten von Kardinal Meisner bestellten die 27 Diözesanbischöfe für ihre Bistümer von ihnen ausgesuchte Diözesanbeauftragte, die mit klar umrissener Aufgabenstellung unter meiner Gesamtleitung an die Arbeit gehen sollten. Sodann ernannten die Visitatoren für die Priester und Gläubigen aus dem Erzbistum Breslau, dem Bistum Ermland, der Freien Prälatur Schneidemühl, dem Bistum Danzig, der Grafschaft Glatz und dem Generalvikariat Branitz Personen ihrer Wahl zur Durchführung des päpstlichen Auftrags. Darüber hinaus bestimmten die Provinzialate der männlichen und weiblichen Orden und Kongregationen entsprechende Beauftragte. Schließlich beteiligten sich verschiedene Institute kirchlicher und weltlicher Herkunft an der Umsetzung dieses universalkirchlichen Projekts.

Kriterien zur Aufnahme von Blutzeugen

Immer wieder wurde die Frage gestellt, welche Argumente für die Aufnahme vorgeschlagener Kandidaten ausschlaggebend seien. Diesbezüglich kann – in gebotener Kürze – folgendes gesagt werden: Jesus Christus, der „treue Zeuge", der „uns durch sein Blut von unseren Sünden erlöst hat" (Offb 1,5), steht bei der Beantwortung dieser Frage immer im Mittelpunkt der Überlegungen. Auf der Grundlage der Heiligen Schrift, der kirchlichen Überlieferung und des Lehramtes verdichteten sich im Lauf der Jahrhunderte verbindliche Maßstäbe, welche der berühmte italienische Kanonist Prospero Lambertini (1675-1758), der spätere Papst Benedikt XIV. (1740-1758), zusammengestellt hat. Das vierbändige lateinische Werk eines der „gelehrtesten aller Päpste" (Georg Schwaiger) mit dem Titel „Über die Seligsprechung der Diener Gottes und die Heiligsprechung der Seligen" entwickelte gültige theologische und kanonistische Kriterien unter Berücksichtigung der Maßstäbe zur Bestimmung des Martyriums. Ohne an dieser Stelle auf sämtliche Kriterien eingehen zu können, seien gleichwohl die entscheidenden kurz genannt: die Tatsache des gewaltsamen Todes (martyrium materialiter), das Motiv des Glaubens- und Kirchenhasses bei den Verfolgern (martyrium formaliter ex parte tyranni) und die Ergebenheit des Opfers in Gottes Willen trotz Lebensbedrohung (martyrium formaliter ex parte victimae). Diese Merkmale erschienen sowohl den damaligen Zeitgenossen als auch heutigen Theologen und Kanonisten aufs Ganze gesehen so überzeugend, daß die römische Kongregation für die Selig- und Heiligsprechungsverfahren sie bis in unsere Gegenwart zum Maßstab der erforderlichen Prüfungen erhoben hat.

Die extreme Grausamkeit, von der unser Jahrhundert geprägt ist, verlangte indes weitere Abstufungen. Die im ersten Jahrzehnt in Mexiko einsetzende und sich bis 1929 steigernde Kirchenverfolgung forderte ebenso eine Erweiterung wie der Spanische Bürgerkrieg von 1936 bis 1939, in dessen Verlauf allein 6 832 Priester, Ordensmänner und -brüder ihr Leben opferten. Vergleichbares gilt aber auch für die kommunistischen Schauprozesse im Bolschewismus unter Jossif Wissarionowitsch Stalin (1879-1953) sowie für die Kirchenverfolgung während des Nationalsozialismus unter Adolf Hitler (1889-1945). Die an Heimtücke und Unberechenbarkeit kaum überbietbaren Methoden der Tötung von Menschen haben die kirchliche Gesetzgebung während des Pontifikats Pauls VI. veranlaßt, die bewährten und weiterhin gültigen Kriterien Benedikts XIV. zu erweitern und zugleich näherhin aufzugliedern. Darüber hinaus müssen die Apostolische Konstitution *Divinus perfectionis Magister* Johannes Pauls II. vom 25. Januar 1983, welche die Kanonisationsverfahren neu regelt, sowie die darauf fußenden Normen der römischen Kongregation für die Selig- und Heiligsprechungsverfahren entsprechend beachtet werden. Wer etwa „in aerumnis carceris", d.h. in der

„Trübsal des Kerkers", also an den Folgen der erlittenen Torturen in einem Konzentrationslager oder Gefängnis gestorben ist, gilt unter Beachtung der allgemeinen Kriterien als Blutzeuge. Die Mühsal und der Kummer während der Haft führten ja zum Tod. Dabei kann ein Verfolgter im Einzelfall auch außerhalb der Inhaftierungsstätte an den Folgen der Entbehrungen gestorben sein: Der Münsteraner Neupriester Karl Leisner (1915-1945) zum Beispiel, der dem Konzentrationslager Dachau nach der Befreiung entkam, mußte unverzüglich in ein Sanatorium gebracht werden, in dem er bereits wenige Monate später starb.

Vier Kategorien von Blutzeugen

Im Blick auf das Territorium der Deutschen Bischofskonferenz sowie unter Berücksichtigung der Deutschen im Ausland kann im folgenden eine Ausfächerung vorgenommen werden. Nach sorgfältiger und mitunter langwieriger Prüfung ergaben sich insgesamt vier Kategorien von Martyrern, die teils das gesamte Jahrhundert, teils bestimmte Abschnitte unserer deutschen Geschichte betreffen. Insofern verbergen sich unter der gleichen Überschrift zeitlich wie räumlich durchaus unterschiedliche Verwirklichungsweisen des Martyriums, die alle einer individuellen und gerechten Beurteilung bedürfen.

Kardinal Domenico Tardini (1888-1961), unter Papst Pius XII. Kardinalstaatssekretär, schrieb in einer weitsichtigen Note dem englischen Geschäftsträger am 30. Mai 1943: „Zwei Gefahren drohen der europäischen und christlichen Kultur, der Nazismus und der Kommunismus. Beide sind materialistisch, antireligiös, totalitär, tyrannisch, grausam und militaristisch" (ADSS 7, 378).

Die **Blutzeugen unter Hitlers Terror** liegen uns bewußtseinsmäßig besonders nahe. Die Auseinandersetzung der katholischen Kirche im allgemeinen und ihrer Glieder im besonderen mit der in ihrem Kern mit dem Christentum unvereinbaren Ideologie des Nationalsozialismus forderte in den Jahren 1933 bis 1945 einen enorm hohen Blutzoll auf allen Ebenen. Trotz des am 20. Juli 1933 abgeschlossenen Konkordats wurde die Bedrohung von Jahr zu Jahr größer. Mögen auch Ursachen und Anlässe der feindlichen Bestrebungen unterschiedlich und regional sehr verschieden gewesen sein, so steht doch fest, daß die Unverhältnismäßigkeit der bestraften „Delikte" keine Systematik im Vorgehen der Machthaber erkennen. läßt. Der Bonner Historiker Konrad Repgen unterscheidet vier Stufen des Widerstandes: die punktuelle Nonkonformität, die Verweigerung, den Protest und den aktiven Widerstand. Nach den bisherigen Untersuchungen beendeten mehr als 160 Diözesanpriester, knapp 60 Ordensmänner, mehrere Ordensfrauen und weibliche Mitglieder von Instituten des gottgeweihten Lebens sowie 110 Laien ihr Leben mit dem Martyrium.

Chronologisch weiträumiger gefaßt ist die Kategorie der **Blutzeugen aus der Zeit des Kommunismus.** Die Epoche, die mit dem Zusammenbruch des Zarenreichs im Oktober 1917 ihren Anfang nahm, bedeutete nicht nur den Sturz der politischen Ordnung, sondern führte in der Folge eine Diktatur herauf. Die neuen Machthaber proklamierten die Trennung von Staat und Kirche und begannen unverzüglich mit der Auflösung der Organisation der katholischen Kirche, die in wenigen Jahren vollständig zerschlagen war. Die Verfolgung der kleinen Minderheit der Katholiken unter Stalin, seit 1927 Diktator der Sowjetunion, brachte vielen das Martyrium. Ihre Namen bleiben häufig genug unbekannt.

Was die rußlanddeutschen Katholiken betrifft, so gab der mit besonderer Vollmacht des Apostolischen Stuhls ausgestattete und seit 1998 für den südlichen Teil der Apostolischen Administratur des europäischen Rußlands des lateinischen Ritus zuständige Weihbischof Clemens Pickel (Marx/Wolga), auf dessen Territorium das untergegangene Bistum Tiraspol-Saratow mit seinen 1914 „90 % Deutschen" (Bernhard Stasiewski) liegt, schriftlich seine Zustimmung, daß die hier zu verzeichnenden zwei Bischöfe und 72 Priester (auch) in das deutsche Martyrologium aufgenommen werden. Sowohl Weihbischof Pickel als auch der Apostolische Administrator von Sibirien, Bischof Joseph Werth SJ (Nowosibirsk), auf deren Territorien die allermeisten rußlanddeutschen Martyrer gestorben sind, begrüßten nicht nur diese Initiative, sondern unterstützten sie zugleich mit Rat und Tat. Das vorhin Ausgeführte bekräftigend, gab der in Königstein lebende Visitator für die Seelsorge an den Deutschen aus Rußland, Pater Eugen Reinhardt SVD, zudem zu bedenken, daß nunmehr schon nahezu zwei Millionen Rußlanddeutsche in den vergangenen Jahren in die Bundesrepublik Deutschland gekommen sind und seither hier leben.

Zudem meldete sich das St.-Gerhardswerk, eine „Vereinigung katholischer Donauschwaben aus Jugoslawien, Rumänien und Ungarn" mit Sitz in Stuttgart, und bat ebenfalls um die Aufnahme von 36 Blutzeugen der donauschwäbischen Volksgruppe in das Martyrologium Germanicum. In der Begründung führten der Bundesvorsitzende, Diplom-Ingenieur Franz Wesinger, und der Visitator für die Seelsorge an den Donauschwaben und Deutschen aus Südosteuropa, Pfr. Andreas Straub, aus, daß die römisch-katholischen Priester der „Kaste der erstrangigen Staatsfeinde der damals atheistischen Staaten Jugoslawien, Rumänien und Ungarn" angehörten und zudem unter dem kommunistischen Staatspräsidenten Josip Tito (1892-1980) verhaßt waren und verfolgt wurden. Nach der Machtergreifung Titos im Jahre 1944 löste seine auf Entkirchlichung des öffentlichen Lebens zielende Politik einen Kirchenkampf aus, dem viele zum Opfer gefallen sind. Die katholischen Donauschwaben, die Adolf Hitler niemals ihre Stimme gegeben und seine Partei nicht gewählt haben, wurden nach Wesinger zu „Sühnopfern" in Südosteuropa in den vierziger Jahren.

Die dritte Kategorie bilden die **Reinheitsmartyrien**. Unter die Gruppe des *martyrium puritatis* fallen über 70 Personen unterschiedlichen Alters, welche aus religiöser Motivation Angreifern die Stirn geboten und sich mit aller Kraft gegen deren unsittliches Verlangen gewehrt haben, dann jedoch tödlich verletzt wurden. Innerhalb dieser Kategorie werden daher zunächst weibliche Jugendliche aufgeführt, die wie die heilige Jungfrau und Martyrerin Maria Goretti (1890-1902) aus dem süditalienischen Nettuno eher zu sterben als zu sündigen bereit waren. Sodann sind alle Ordensschwestern und Frauen zu dieser Kategorie zu zählen, die gegen Ende des Zweiten Weltkriegs von den in die deutschen Ostgebiete einmarschierenden russischen Soldaten angegriffen, überwältigt und ermordet worden sind, sofern diese den gewaltsamen Tod nachweislich um Christi willen auf sich genommen haben. Ihr Martyrium besteht darin, daß sie das christliche Sittengesetz gegen den Angriff der Vergewaltigung verteidigt und dabei ihr Leben verloren haben. „Der Leib ist nicht für die Unzucht da, sondern für den Herrn", so der Völkerapostel Paulus, weil er „ein Tempel des Heiligen Geistes ist" (1 Kor 6,13.19).

Ferner dürfen auch jene Glaubenszeugen nicht übergangen werden, die sich – ebenfalls gegen Ende des Zweiten Weltkriegs – vornehmlich in den deutschen Ostgebieten schützend vor von der Vergewaltigung bedrohte Frauen gestellt haben, hierbei jedoch kaltblütig niedergeschossen wurden. Diese Beschützer, zumeist Priester, verdienen angesichts ihres riskanten und mit dem Leben bezahlten Eingreifens besondere Hochachtung. In mehreren Fällen weiß die Geschichte auch von Frauen, die bei dem Versuch, Schutzbefohlene vor dem drohenden Zugriff der Soldateska zu bewahren, unter deren Kugelhagel verbluteten.

Die vierte und letzte Kategorie umfaßt die **Blutzeugen aus den Missionsgebieten**. Aus Deutschland stammend und hier aufgewachsen zogen Männer und Frauen im Erwachsenenalter in Missionsländer, um dort das Evangelium zu verkündigen. Seit alters her gehören die Missionen zu den Domänen der Orden und Kongregationen. Ob es die Hiltruper Missionare oder Missionarinnen vom Heiligsten Herzen Jesu, die Missionsbenediktiner und St. Benediktus-Missionsschwestern von St. Ottilien oder die Steyler Missionare und Missionsschwestern der Dienerinnen des Heiligen Geistes waren, diese und viele andere apostolische Gemeinschaften verwirklichten in diesem Jahrhundert das Wort des auferstandenen Herrn: „Geht zu allen Völkern und macht alle Menschen zu meinen Jüngern; tauft sie auf den Namen des Vaters und des Sohnes und des Heiligen Geistes, und lehrt sie, alles zu befolgen, was ich euch geboten habe“ (Mt 28,19f.).

Wo immer sich diese Glaubensboten aufhielten, verkündeten sie die frohe Botschaft von Christus, dem Herrn und Erlöser. Mit ihrem je eigenen Ordenscharisma verbreiteten sie den katholischen Glauben in Asien, so etwa in Papua-Neuguinea, in China oder auf den Philippinen, sodann in Afrika, so im heutigen Namibia, im Kongo (heute Zaire) oder in Rhodesien (heute Simbabwe), ferner in Lateinamerika, so zum Beispiel in Brasilien. Im Wissen, daß der Ausbreitung des Evangeliums auch Grenzen bis hin zu seiner offenen Ablehnung gesetzt sind, zeigten sich Patres, Ordensbrüder und -frauen entschlossen, für die Wahrheit ihres Glaubens gegebenenfalls auch den Tod auf sich zu nehmen. Sie waren sich des Wortes aus dem Johannesevangelium bewußt: „Der Sklave ist nicht größer als sein Herr. Wenn sie mich verfolgt haben, werden sie auch euch verfolgen“ (Joh 15,20). Ihre Zahl geht ins Unermeßliche. Wo immer das Martyrium einwandfrei feststand und ausreichend biographische Unterlagen existierten, konnten entsprechende Lebensbilder erarbeitet werden. Das deutsche Blutzeugenverzeichnis stellt mehr als 170 Christen vor, von denen die Offenbarung des Johannes bezeugt: „Sie folgten dem Lamm, wohin es geht“ (Offb 14,4). Unter ihnen befindet sich auch eine aus Nürnberg stammende Missionsärztin, die 1976 unter den Schüssen von Freischärlern in Rhodesien verblutete.

Ziel und Absicht des vorliegenden Bandes

Das päpstliche Projekt, das der Öffentlichkeit 1994 vorgestellt wurde, verfolgte die Absicht, die Martyrer aller Kontinente im Jubiläumsjahr 2 000 als Leitbilder vorzustellen. Deren beispielhafte Treue wollte Johannes Paul II. uns in einer Zeit großer Verdunkelungen der Würde des Menschen vor Augen stellen und zugleich zur Nachahmung ihrer Tugenden aufrufen. Da die Durchführung des Auftrags für Deutschland 1996 begonnen wurde, erschien es außerordentlich schwierig, diese riesige Aufgabe noch zeitgerecht abschließen zu können, zumal sich durch viele neue Hinweise die Zahl der bekannt gewordenen Blutzeugen von Monat zu Monat beträchtlich steigerte. Aufgrund dieser Umstände erschien es insbesondere im Blick auf die Vorgaben des Päpstlichen „Zentralkomitees des Jubiläums des Heiligen Jahres 2 000“ im Vatikan angezeigt, bereits vor der Veröffentlichung des zweibändigen Gesamtwerks mit der ausführlichen Darstellung der etwa 700 Blutzeugen einen ebenso aktuellen wie präzisen Band zu präsentieren. Auf diese Weise soll das von dem französischen Kurienkardinal Roger Etchegaray geleitete Komitee sowohl rechtzeitig als auch eindeutig erfahren, in welche Kategorien das deutsche Blutzeugenverzeichnis aufgegliedert und in welcher Größenordnung es angelegt worden ist. Nach dem Willen des Heiligen Vaters soll nämlich am 7. Mai 2 000 im römischen Kolosseum, dem geschichtsträchtigen Ort frühchristlicher Martyrien, eine ökumenische Gedenkfeier zu Ehren der Neuen Martyrer stattfinden.

Darüber hinaus fragten immer wieder Menschen unterschiedlicher Herkunft und Stellung, wann das in Aussicht gestellte Verzeichnis erscheine. Um diesen Bitten frühzeitig nachzukommen, aber auch, weil jeder ein Recht darauf hat zu wissen, wer nach einer entsprechenden theologischen Prüfung als aufgenommen gelten kann oder nicht, wird dieser Band hiermit vorgelegt. Auf diese Weise kann jeder Interessierte zugleich ersehen, aus welchen Gebieten die Blutzeugen kommen, wieviele Männer und wieviele Frauen es waren, in welcher beruflichen Stellung sie standen und in welchem Alter sie starben. Indes weiß Gott allein, wie groß ihre Zahl in Wirklichkeit war.

Schlußendlich soll dieser Band, für dessen Vollendung mehr als drei Jahre unverdrossen gearbeitet wurde und der sich der Mitarbeit von mehr als 130 Fachleuten verdankt, auf das versprochene Gesamtwerk vorbereiten. Die beiden Bände mit den Lebensbildern der etwa 700 Martyrer aus dem gesamten 20. Jahrhundert werden das Interesse zahlreicher Menschen auch außerhalb der römisch-katholischen Kirche finden, vorab der Christen aus den verschiedenen Kirchen und kirchlichen Gemeinschaften, aber auch der Historiker, der Politiker und der Kulturschaffenden. Damit aber dieser Vorband schon auf das zweibändige Gesamtwerk hinweist, werden alle Blutzeugen, für die ein Kanonisationsverfahren eingeleitet worden ist, das zielstrebig vorangetrieben wird, auf ganzseitigen Porträtfotos als leuchtende Vorbilder der gemeinsamen christlichen Berufung vorgestellt. In der Reihenfolge ihrer Prozeßlage handelt es sich um die am 11. Oktober 1998 heiliggesprochene Karmelitin Schwester Teresia Benedicta a Cruce (Dr. Edith Stein), um die am 23. Juni 1996 in Berlin seliggesprochenen Priester Bernhard Lichtenberg (Erzbistum Berlin) und Karl Leisner (Bistum Münster), um den Hauptschriftleiter der Westdeutschen Arbeiterzeitung bzw. der Kettelerwacht und siebenfachen Familienvater Nikolaus Groß (Bistum Essen), um Pater Engelmar Unzeitig aus der Kongregation der Mariannhiller Missionare, um Pfarrer Georg Häfner, Priester des Bistums Würzburg, Kaplan Aloys Andritzki, Priester des Bistums [Dresden-]Meißen, sowie Kaplan Gerhard Hirschfelder aus der Grafschaft Glatz.

Was die konkrete Gestaltung des Verzeichnisses anbelangt, werden die vier vorgenannten Kategorien der Reihe nach dargeboten. Während die Martyrer aus der Zeit des Nationalsozialismus und des Kommunismus entsprechend ihrer jeweiligen übergeordneten Zuordnung einer alphabetischen Anordnung folgen, werden die Blutzeugen des Reinheitsmartyriums und der Missionsgebiete, insofern sie sich über das gesamte Jahrhundert erstrecken, in chronologischer Reihenfolge aufgelistet. Das vatikanische Komitee bat eigens darum, bei den Ordensfrauen das Datum ihrer Ewigen Profeß anzugeben; daher erhalten sie hinter ihrem Geburtsdatum den Eintrag „Ew. Profeß", soweit sie abgelegt wurde und der Tag bekannt ist. In Analogie dazu erbat das vatikanische Komitee für die Priester den Eintrag ihrer Priesterweihe (= PW), für die Bischöfe zusätzlich den der Bischofsweihe (= BW). Die Laien, deren diözesane Zuordnung nicht immer leicht fällt, weil sie sich mitunter nacheinander in mehreren Bistümern aufgehalten haben, erhielten am Ende des sog.

Vierzeilers den Vermerk ihres Bezugsbistums, in welcher Diözese bzw. in welchem Jurisdiktionsbereich sie wichtige Jahre ihres Lebens verbracht haben. Der abschließende Index mit seinem ausführlichen Personen- und Ortsregister erleichtert die Suche nach bestimmten Blutzeugen, ihrer Herkunft und ihrem Todesort.

Indem dieser Band nun in die 27 Bistümer, zu den 10 Visitatoren und in alle Ordensprovinzialate hinausgeht, will er Zeugnis geben von der unerschöpflichen Fruchtbarkeit der christlichen Heilsbotschaft im zu Ende gehenden 20. Jahrhundert. Die „Wolke von Zeugen“ (Hebr 12,1) spricht an und reißt mit. Das eindrucksvolle Beispiel der vielen Bekannten und Unbekannten mit ihrem unbeirrbaren Glauben, mit ihrer gelebten Hoffnung und mit ihrer unbesiegbaren Liebe spornt zur Nachfolge des gekreuzigten und auferstandenen Herrn an – und das sicher nicht nur heute.

Köln, Karfreitag 1999

Prälat Dr. Helmut Moll
Beauftragter der Deutschen Bischofskonferenz
für das Martyrologium des 20. Jahrhunderts

A. BLUTZEUGEN AUS DER ZEIT DES NATIONALSOZIALISMUS

I. Diözesanpriester

1. Bistum Aachen

ALEF, Alexander Heinrich, Pfr.
Priester des Bistums Aachen
* 2. Februar 1885 Bonn
1. August 1909 PW
† 16. Februar 1945 KZ Dachau

BERGER, Hubert, Dechant
Priester des Bistums Aachen
* 4. Oktober 1889 Furth b. [Kürten-] Olpe (Berg. Land)
24. Juni 1915 PW
† 30. November 1948 Krankenhaus Grevenbroich

COENEN, Franz, Pfr.
Priester des Bistums Aachen
* 6. August 1885 Aachen
6. März 1909 PW
† 13. Oktober 1939 [Bergisch Gladbach-] Moitzfeld

DINSTÜHLER, Friedrich, Pfr.
Priester des Bistums Aachen
* 20. Oktober 1896 Marienheide (Oberberg. Kreis)
5. März 1922 PW
† 30. März 1945 KZ Buchenwald (Außenlager Ohrdruf)

HORTMANNS, Hermann Joseph Robert, Pfr.
Priester des Bistums Aachen
* 9. Juni 1884 [Wegberg-]Rath-Anhoven
6. März 1909 PW
† 20. Februar 1950 [Erkelenz-]Golkrath

KELLER, Fritz, Pfr.
Priester des Bistums Aachen
* 27. Dezember 1891 Köln-Ehrenfeld
21. Mai 1921 PW
† 15. Mai 1943 Strafanstalt Aachen

KNIEBELER, Theodor, Pfr.
Priester des Bistums Aachen
* 28. August 1909 Eschweiler
26. Juli 1936 PW
† 2. April 1944 Sudauen (Ostpreußen)

RAAB, Gustav, Divisionspfarrer
Priester des Bistums Aachen
* 21. Oktober 1905 Mönchengladbach-Neuwerk
24. Februar 1933 PW
† 2. Februar 1943 Stalingrad

STAPPERS, Franz, Pfr.
Priester des Bistums Aachen
* 2. November 1884 Issum (Niederrhein)
5. Juni 1909 PW
† 25. März 1945 Zuchthaus [Remscheid-] Lüttringhausen

Die deutsch-belgischen Dekanate Eupen – Malmedy – St. Vith des Bistums Lüttich wurden seit dem 24. Juni 1940 (bzw. seit dem 19. Oktober 1943 als Apostolische Administratur) von Aachen mitverwaltet.

ARNOLDS, Jean/Johann, Kpl.
Priester des Bistums Lüttich
* 7. März 1904 Baelen (Belgien)
1. Juli 1928 PW
† 28. August 1944 Zuchthaus Brandenburg-Görden

CORDONNIER, Leonard/Leonhard, Pfr.
Priester des Bistums Lüttich
* 17. November 1874 Baelen (Belgien)
18. Dezember 1897 PW
† 29. Dezember 1942 KZ Dachau

DELHEZ, Leopold Mathäus, Pfr.
Priester des Erzbistums Köln
* 14. Juni 1879 Malmedy
15. März 1902 PW
† 27. Januar 1943 KZ Dachau

PETERS, Joseph Martin, Rektor
Priester des Bistums Lüttich
* 12. Juni 1894 Verviers
1921 PW
† 1. Juli 1943 Gefängnis Berlin-Plötzensee

RENARDY, Jean, Pfr.
Priester des Bistums Lüttich
* 22. November 1878 Membach (Belgien)
17. Juni 1905 PW
† März 1945 b. KZ Bergen-Belsen

2. Bistum Augsburg

HEINZMANN, Bernhard, Pfarrvikar
Priester des Bistums Augsburg
* 20. August 1903 Böhmenkirch (Lkr. Göppingen)
14. Juli 1929 PW
† 10. August 1942 b. Schloß Hartheim b. Linz (Östr.)

3. Erzbistum Berlin

BERGER, Leonhard, Kuratus
Priester des [Erz-]Bistums Berlin
* 4. November 1908 [Berlin-]Schöneberg
1. April 1933 PW
† 25. Oktober 1944 Cieksyn (Polen)

FROEHLICH, August, Pfr.
Priester des [Erz-]Bistums Berlin
* 26. Januar 1891 Königshütte (Oberschlesien)
19. Juni 1921 PW
† 22. Juni 1942 KZ Dachau

HIRSCH, Albert, Pfr.
Priester des [Erz-]Bistums Berlin
* 7. August 1894 [Berlin-]Charlottenburg
19. Juni 1921 PW
† 22. August 1944 Zuchthaus Gollnow b. Stettin

LENZEL, Joseph, Pfr.
Priester des [Erz-]Bistums Berlin
* 21. April 1890 Breslau
3. Juni 1915 PW
† 3. Juli 1942 KZ Dachau

LICHTENBERG, Bernhard, Seliger, Dompropst
Priester des [Erz-]Bistums Berlin
* 3. Dezember 1875 Ohlau (Niederschlesien)
21. Juni 1899 PW
† 5. November 1943 Stadtkrankenhaus Hof/Saale

SIMOLEIT, Herbert, Kpl.
Priester des [Erz-]Bistums Berlin
* 22. Mai 1908 Berlin-Steglitz
25. März 1939 PW
† 13. November 1944 Zuchthaus Halle

WACHSMANN, Dr. Alfons Maria, Pfr.
Priester des [Erz-]Bistums Berlin
* 25. Januar 1896 Berlin
19. Juni 1921 PW
† 21. Februar 1944 Zuchthaus Brandenburg-Görden

WILLIMSKY, Albert, Pfr.
Priester des [Erz-]Bistums Berlin
* 28. Dezember 1890 Oberglogau (Oberschlesien)
22. Juni 1919 PW
† 22. Februar 1940 KZ Sachsenhausen

Seliger Dompropst Bernhard Lichtenberg
(1875-1943)

4. Bistum Dresden-Meißen

ANDRITZKI, Aloys, Kpl.
Priester des Bistums [Dresden-]Meißen
* 2. Juli 1914 Radibor (Lkr. Bautzen)
30. Juli 1939 PW
† 3. Februar 1943 KZ Dachau

SCHOLZE, Alois, Pfr.
Priester des Bistums [Dresden-]Meißen
* 4. September 1893 Dresden
7. August 1921 PW
† 1. September 1942 KZ Dachau

WENSCH, Dr. Bernhard, Diözesanjugendseelsorger
Priester des Bistums [Dresden-]Meißen
* 7. Juli 1908 Berlin-Wilmersdorf
17. März 1934 PW
† 15. August 1942 KZ Dachau

5. Bistum Erfurt

BEIER, Franz-Josef, Pfr.
Priester des Bistums Fulda
* 10. Februar 1888 Meindroth (Hessen)
1913 PW
† 1946 Bad Orb (Hessen)

ISEKE, Franz, Pfr.
Priester des Erzbistums Paderborn
* 1. Dezember 1872 Holungen (Eichsfeld)
30. März 1900 PW
† 24. Januar 1938 Bischofferode (Eichsfeld)

6. Erzbistum Freiburg i.Br.

BEICHERT, Alois, Pfr.
Priester des Erzbistums Freiburg i.Br.
* 23. September 1893 [Elztal-]Rittersbach (Neckar-Odenwald-Kreis)
18. Juni 1922 PW
† 2. April 1945 [Ravenstein-]Oberwittstadt (Neckar-Odenwald-Kreis)

BERNHARD, Adolf, Pfr.
Priester des Erzbistums Freiburg i.Br.
* 21. September 1882 [Pfullendorf-]Denkingen (Kr. Sigmaringen)
1. Juli 1908 PW
† 11. Juli 1942 KZ Dachau

BRUGGER, Alois, Pfr.
Priester des Erzbistums Freiburg
* 21. Juni 1881 Simonswald (Kr. Emmendingen)
1. Juli 1908 PW
† 29. April 1945 [Langenenslingen-]Billafingen (Kr. Biberach)

FEURSTEIN, Dr. Heinrich, Stadtpfr., Msgr.
Priester des Erzbistums Freiburg i.Br.
* 11. April 1877 Freiburg i.Br.
12. August 1899 PW
† 2. August 1942 KZ Dachau

FRÄNZNICK, Franz Anton, Pfr.
Priester des Erzbistums Freiburg i.Br.
* 9. August 1889 [Eppingen-]Rohrbach a.G. (Kr. Heilbronn)
2. Juli 1913 PW
† 27. Januar 1944 KZ Dachau

GAISERT, Michael, Pfr.
Priester des Erzbistums Freiburg i.Br.
* 9. August 1864 [Lautenbach-]Winterbach (Ortenaukreis)
6. Juli 1892 PW
† 25. Oktober 1933 [Trochtelfingen-]Steinhilben (Kr. Reutlingen)

GRAF, Max, Pfr.
Priester des Erzbistums Freiburg i.Br.
* 8. November 1884 Hambrücken (Kr. Karlsruhe)
6. Juli 1910 PW
† 25. April 1945 KZ Dachau

KÖNIG, Josef, Pfr.
Priester des Erzbistums Freiburg i.Br.
* 28. Juni 1904 Hausach (Ortenaukreis)
19. März 1927 PW
† 13. Mai 1945 Krankenhaus Waldshut

Kaplan Aloys Andritzki (1914-1943)

MECKLER, Otto, Dekan, G.R.
Priester des Erzbistums Freiburg i.Br.
* 19. September 1892 [Eppingen-] Rohrbach a.G. (Kr. Heilbronn)
17. Juni 1917 PW
† 17. August 1944 Sanatorium Konstanz

METZGER, Dr. Max Joseph, Pfr.
Priester des Erzbistums Freiburg i.Br.
* 3. Februar 1887 Schopfheim (Kr. Lörrach)
5. Juli 1911 PW
† 17. April 1944 Zuchthaus Brandenburg-Görden

RUF, August, Stadtpfr., Msgr., G.R.
Priester des Erzbistums Freiburg i.Br.
* 4. November 1869 Ettenheim (Ortenaukreis)
5. Juli 1893 PW
† 8. April 1944 Freiburg i.Br.

SPIES, Anton, Pfarrvikar
Priester des Erzbistums Freiburg i.Br.
* 24. November 1909 [Lauda-Königshofen-] Heckfeld (Main-Tauber-Kreis)
31. März 1935 PW
† 9. April 1945 KZ Dachau

STROHMEYER, Willibald, Dekan, G.R.
Priester des Erzbistums Freiburg i.Br.
* 6. Juli 1877 [Hüfingen-]Mundelfingen (Schwarzwald-Baar-Kreis)
7. Juli 1902 PW
† 22. April 1945 [Münstertal i. Schw.-] St. Trudpert (Kr. Breisgau-Hochschwarzwald)

7. Bistum Fulda

TRAGESER, Konrad, Pfr.
Priester des Bistums Fulda
* 18. Mai 1884 Altenmittlau (Hessen)
25. Juli 1910 PW
† 15. Januar 1942 KZ Dachau

VOGT, Gustav Albert, Pfr.
Priester des Bistums Fulda
* 9. April 1890 Küllstedt (Eichsfeld)
3. August 1914 PW
† 13. Juli 1942 KZ Dachau

8. Erzbistum Hamburg

LANGE, Hermann, Vikar
Priester des Bistums Osnabrück
* 16. April 1912 Leer (Ostfriesland)
17. Dezember 1938 PW
† 10. November 1943 Gefängnis Hamburg

MÜLLER, Eduard, Adjunkt
Priester des Bistums Osnabrück
* 20. August 1911 Neumünster
25. Juli 1940 PW
† 10. November 1943 Gefängnis Hamburg

PRASSEK, Johannes, Kpl.
Priester des Bistums Osnabrück
* 13. August 1911 Hamburg-Barmbeck
13. März 1937 PW
† 10. November 1943 Gefängnis Hamburg

zusammen mit

STELLBRINK, Karl-Friedrich, Pastor
Ev.-lutherischer Geistlicher
* 28. Oktober 1894 Münster (Westfalen)
† 10. November 1943 Gefängnis Hamburg

SCHWENTNER, Dr. Dr. Bernhard, Pfr.
Priester des Bistums Osnabrück
* 28. September 1891 Schwerin
7. März 1914 PW
† 30. Oktober 1944 Zuchthaus Brandenburg-Görden

9. Bistum Hildesheim

HACKETHAL, Christoph, Pfr.
Priester des Bistums Hildesheim
* 28. März 1899 Hannover
24. Februar 1923 PW
† 25. August 1942 KZ Dachau

MÜLLER, Joseph, Pfr.
Priester des Bistums Hildesheim
* 19. August 1894 Salmünster (Hessen)
11. März 1922 PW
† 11. September 1944 Zuchthaus Brandenburg-Görden

10. Erzbistum Köln

BOEHM, Franz, Pfr.
Priester des Erzbistums Köln
* 3. Oktober 1880 Boleszyn (Westpreußen)
10. März 1906 PW
† 13. Februar 1945 KZ Dachau

FLINTROP, Johannes, Kpl.
Priester des Erzbistums Köln
* 23. Mai 1904 [Wuppertal-]Barmen
28. Juni 1927 PW
† 18. August 1942 KZ Dachau

HELTEN, Theodor, Rektor
Priester des Erzbistums Köln
* 9. April 1897 Köln-Ehrenfeld
10. August 1923 PW
† 18. Mai 1942 KZ Sachsenhausen

MÜLLER, Dr. Otto, Msgr.
Verbandspräses der Katholischen Arbeitervereine Deutschlands – Priester des Erzbistums Köln
* 9. Dezember 1870 [Reichshof-] Eckenhagen
15. August 1894 PW
† 12. Oktober 1944 Strafanstalt Berlin-Tegel

RICHARZ, Everhard, Kpl.
Priester des Erzbistums Köln
* 6. Juni 1904 [Niederkassel-]Mondorf
12. März 1930 PW
† 13. Februar 1941 ebd.

RICHTER, Heinrich, Vikar
Priester des Erzbistums Köln
* 23. Dezember 1898 Köln-Mülheim
5. März 1922 PW
† ca. 8. April 1945 KZ Buchenwald (Außenlager Ohrdruf)

11. Bistum Mainz

SCHWENK, Karl, Pfr.
Priester des Bistums Mainz
* 24. Juli 1883 Frankfurt/Main
4. April 1908 PW
† 4. August 1941 Lindenfels (Odenwald)

ZINSSER, Eduard, Gymnasialprofessor, G.R.
Priester des Bistums Mainz
* 27. November 1875 Seibelsdorf (Oberhessen)
1902 PW
† 11. Juni 1933 München

12. Erzbistum München und Freising

GRIMM, Josef, Pfr.
Priester des Erzbistums München und Freising
* 13. Januar 1900 Deisenried (Lkr. Miesbach)
29. Juni 1925 PW
† 28. April 1945 Götting (Lkr. Rosenheim)

WEHRLE, Dr. Hermann Joseph, Kpl.
Priester des Erzbistums München und Freising
* 26. Juli 1899 Nürnberg
6. April 1942 PW
† 14. September 1944 Gefängnis Berlin-Plötzensee

Seliger Neupriester Karl Leisner (1915-1945)

13. Bistum Münster

LEISNER, Karl, Seliger, Neupriester
Priester des Bistums Münster
* 28. Februar 1915 Rees (Niederrhein)
26. Dezember 1944 PW
† 12. August 1945 Sanatorium Planegg b. München

LODDE, Joseph, Dechant
Priester des Bistums Münster
* 26. Januar 1879 Münster (Westfalen)
6. Juni 1903 PW
† 28. Februar 1943 KZ Dachau

POETHER, Bernhard, Kpl.
Priester des Bistums Münster
* 1. Januar 1906 Datteln (Kr. Recklinghausen)
17. Dezember 1932 PW
† 6. August 1942 KZ Dachau

SCHMIDLIN, Dr. Joseph, Univ.-Prof.
Priester des [Erz-]Bistums Straßburg
* 29. März 1876 Klein-Landau (Elsaß)
1899 PW
† 10. Januar 1944 KZ Schirmeck (Elsaß)

STORM, Gerhard, Kpl.
Priester des Bistums Münster
* 1. April 1888 Haldern (Niederrhein)
8. März 1913 PW
† 28. August 1942 KZ Dachau

WESSING, August, Dechant
Priester des Bistums Münster
* 18. Januar 1880 Gescher (Westfalen)
25. Mai 1907 PW
† 4. März 1944 KZ Dachau

14. Bistum Osnabrück

GÖRSMANN, Gustav, Pfr.
Priester des Bistums Osnabrück
* 29. September 1873 Osnabrück
25. September 1898 PW
† 15. September 1942 KZ Dachau

SCHNIERS, Heinrich, Pfr.
Priester des Bistums Osnabrück
* 25. März 1880 Wippingen (Emsland)
23. März 1907 PW
† 31. August 1942 KZ Dachau

15. Erzbistum Paderborn

FINKE, Franz, Konviktpräses
Priester des Erzbistums Paderborn
* 23. April 1907 Bochum-Werne
1. April 1933 PW
† 3. Juli 1942 KZ Sachsenhausen

GÜNNEWICH, Otto, Pfarrvikar
Priester des Erzbistums Paderborn
* 4. April 1902 Lügde (Kr. Höxter)
5. April 1930 PW
† 10. August 1942 Schloß Hartheim b. Linz (Östr.)

KÖNIG, Heinrich, Vikar
Priester des Erzbistums Paderborn
* 24. Juni 1900 [Frankfurt-]Höchst/Main
10. August 1924 PW
† 24. Juni 1942 KZ Dachau

OBERHAUS, Wilhelm, Vikar
Priester des Erzbistums Paderborn
* 31. Januar 1902 Herford (Westfalen)
1. April 1933 PW
† 20. September 1942 KZ Dachau

PETERSEN, Friedrich Karl, Pfarrvikar
Priester des Bistums Soissons
* 6. April 1904 Dortmund
27. März 1938 PW
† 8. November 1944 KZ Dachau

16. Bistum Passau

HUBER, Johann Baptist, Stadtpfr.
Priester des Bistums Passau
* 2. April 1892 Alzgern (Lkr. Altötting)
29. Juni 1921 PW
† 13. September 1942 Krankenhaus München-Schwabing

MITTERER, Ludwig, Pfr.
Priester des Bistums Passau
* 2. Juni 1883 Aicha (Lkr. Rottal-Inn)
29. Juni 1909 PW
† 1. November 1943 Gefängnis Berlin-Brandenburg

VOGL, Adalbert, Stiftsdekan, Msgr.
Priester des Bistums Passau
* 8. März 1876 Oberaudorf (Lkr. Rosenheim)
29. Juni 1901 PW
† 28. April 1945 Altötting

WINKLER, Johann Evangelist, Pfr.
Priester des Bistums Passau
* 26. November 1885 Passau
29. Juni 1911 PW
† 27. April 1945 b. Passau

17. Bistum Regensburg

FRAMMELSBERGER, Maximilian, Pfr.
Priester des Bistums Regensburg
* 16. November 1880 Plattling (Niederbayern)
4. Juni 1905 PW
† 16. Januar 1944 Krankenhaus Berlin-Moabit

KRAMER, Karl Borromäus, Pfr.
Priester des Bistums Regensburg
* 24. Oktober 1881 Geiersberg b. Deggendorf (Niederbayern)
4. Juli 1905 PW
† 27. März 1945 Krankenhaus Landsberg

LOSCH, Joseph, Pfr.
Priester des Bistums Regensburg
* 21. Januar 1900 Rottendorf (Oberpfalz)
29. Juni 1925 PW
† 29. Januar 1945 Zuchthaus Brandenburg-Görden

MAIER, Dr. Johann Baptist, Domprediger
Priester des Bistums Regensburg
* 23. Juni 1906 Berghofen b. Loitzenkirchen (Niederbayern)
27. Oktober 1933 PW
† 24. April 1945 Regensburg

SCHULTES, Joseph, Expositus
Priester des Bistums Regensburg
* 24. Mai 1898 Erbendorf (Oberpfalz)
29. Juni 1923 PW
† 26. März 1940 Sanatorium Mallersdorf (Niederbayern)

WAGNER, Augustin, Benefiziums-Provisor
Priester des Bistums Regensburg
* 17. August 1898 Reichenbach (Oberpfalz)
29. Juni 1925 PW
† 28. April 1945 Ebrantshausen (Lkr. Kelheim)

18. Bistum Speyer

CAROLI, Wilhelm, Pfr.
Priester des Bistums Speyer
* 7. April 1895 Saarlouis
12. März 1921 PW
† 22./23. August 1942 KZ Dachau

19. Bistum Trier

BECHTEL, Joseph, Pfr.
Priester des Bistums Trier
* 18. Juli 1879 Kinheim/Mosel
31. März 1906 PW
† 12. August 1942 KZ Dachau

RIES, Johannes, Pfr.
Priester des Bistums Trier
* 9. Juli 1887 Elversberg (Saarland)
28. März 1914 PW
† 4. Januar 1945 KZ Dachau

SCHÄFER, Adam, Pfr.
Priester des Bistums Trier
* 23. September 1877 Urmitz b. Koblenz
19. März 1902 PW
† 19. Dezember 1941 ebd.

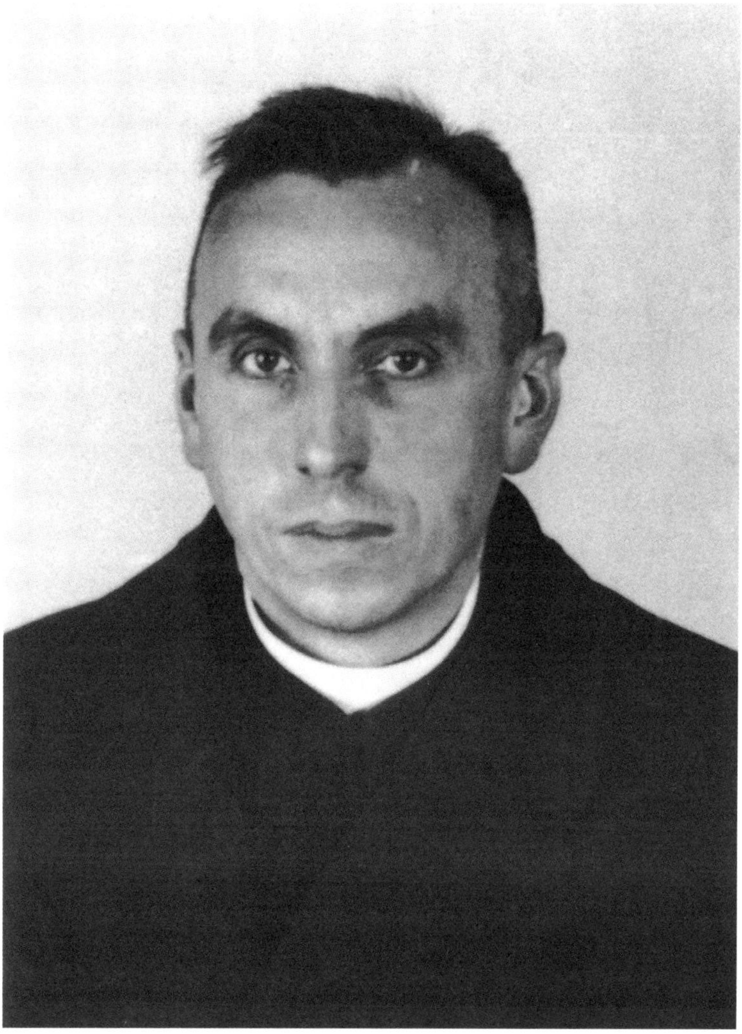

Pfarrer Georg Häfner (1900-1942)

SCHLICKER, Peter, Kpl.
Priester des Bistums Trier
* 12. März 1909 Saarbrücken-Malstatt
15. Juli 1933 PW
† 19. April 1942 Landeskrankenhaus Salzburg (nach KZ Dachau)

SCHULZ, Johannes, Pfr.
Priester des Bistums Trier
* 3. April 1884 Obervölklingen (Saarland)
12. August 1911 PW
† 19. August 1942 KZ Dachau

ZIEGLER, Jakob, Pfr.
Priester des Bistums Trier
* 15. Juni 1893 Nalbach (Saarland)
13. August 1922 PW
† 12. Mai 1944 KZ Dachau

ZILLIKEN, Josef, Dechant
Priester des Bistums Trier
* 17. September 1872 Mayen (Osteifel)
26. März 1898 PW
† 3. Oktober 1942 KZ Dachau

20. Bistum Würzburg

HÄFNER, Georg, Pfr.
Priester des Bistums Würzburg
* 19. Oktober 1900 Würzburg
13. April 1924 PW
† 20. August 1942 KZ Dachau

II. Priester aus den Jurisdiktionsbereichen der Visitatoren

1. Visitatur Breslau

ADAMECKI, Josef, Kpl.
Priester des Erzbistums Breslau
* 12. Dezember 1912 Nieder-Marklowitz (Kr. Rybnik)
3. Juli 1938 PW
† 26. Mai 1944 KZ Auschwitz

BROSIG, Paul, Erzpriester
Priester des Erzbistums Breslau
* 16. Mai 1889
18. Juni 1914 PW
† 26. November 1944 St. Blasien (Kr. Waldshut)

DROSDEK, Paul, Pfr.
Priester des Erzbistums Breslau (ab 1925 Kattowitz)
* 11. Januar 1878 Ujest-Bischofstal (Kr. Groß Strehlitz)
20. Juni 1903 PW
† 5. Januar 1945 Gefängnis Magdeburg

FRENZEL, Johannes, Kpl.
Priester des Erzbistums Breslau
* 29. August 1907 Deutsch Piekar (Oberschlesien)
30. Juli 1939 PW
† 27. o. 29. Januar 1945 Stillersfeld (Oberschlesien)

GALOCZ, Klemens, Pfr.
Priester des Erzbistums Breslau
† 21. November 1904 Karwin (Niederschlesien)
14. Juli 1928 PW
† 26. November 1942 KZ Dachau

GUZY, Johannes, Erzpriester, G.R.
Priester des Erzbistums Breslau
* 24. Mai 1873 Breslau
11. Juni 1898 PW
† 21. Februar 1945 Freystadt (Niederschlesien)

KORCZOK, Dr. Anton, Pfr.
Priester des Erzbistums Breslau
* 1. Juni 1891 Ratibor-Altendorf (Oberschlesien)
18. Juni 1914 PW
† 5. Februar 1941 KZ Dachau

OLCZAK, Heinrich, Pfr.
Priester des Erzbistums Breslau
* 11. Juli 1887 Schönhof b. Friedek (Mähren)
19. Juli 1911 PW
† 1. April 1940 KZ Mauthausen (Östr.)

PAZDZIORA, Augustin, Pfr.
Priester des Erzbistums Breslau
* 22. August 1886 Ober-Suchau (Schlesien)
20. Juli 1910 PW
† 13. September 1940 KZ Gusen (Östr.)

REICHELT, Hubert, Erzpriester
Priester des Erzbistums Breslau
* 14. Oktober 1878 Pleß (Oberschlesien)
23. Juni 1902 PW
† 15. Februar 1938 Kattern (Kr. Breslau)

RÖSLER, Maximilian, Erzpriester
Priester des Erzbistums Breslau
* 11. Dezember 1872 Nieda b. Görlitz
21. Juni 1899 PW
† 14. Februar 1945 Zobten (Niederschlesien)

SABISCH, Rudolf, Pfr.
Priester des Erzbistums Breslau
* 1. September 1909 Oppeln
5. April 1936 PW
† 8. Februar 1945 Krehlau (Kr. Wohlau)

SAUER, Paul, Erzpriester
Priester des Erzbistums Breslau
* 26. September 1892 Bielitz
19. Juni 1921 PW
† 24. Juni 1946 Bunzlau

SCHOLL, Martin, Pfr.
Priester des Erzbistums Breslau
* 29. Dezember 1898
17. März 1923 PW
† 31. Januar 1945 Auras (Niederschlesien)

SIKORA, Josef, Kuratus
Priester des Erzbistums Breslau
* 17. März 1912 Gleiwitz
5. April 1936 PW
† 25. Dezember 1945 Langwaltersdorf (Niederschlesien)

WRZOL, Dr. Ludwig, Prälat, Geistl. Religionslehrer
Priester des Erzbistums Breslau
* 27. Dezember 1881 Zabrzeg (Kr. Bielitz)
26. Juli 1904 PW
† 30. September 1940 KZ Mauthausen (Östr.)

2. Visitatur Danzig

AELTERMANN, Johannes, Dekan
Priester des Bistums Danzig
* 26. Juni 1876 Danzig
13. März 1904 PW
† 22. November 1939 Neufietz b. Wischin

BINNEBESEL, Dr. Bruno, Pfr.
Priester des Bistums Danzig
* 26. Februar 1902 Tuchel (Westpreußen)
29. Januar 1928 PW
† 13. November 1944 Zuchthaus Brandenburg-Görden

GÓRECKI, Marianus, Geistl. Religionslehrer
Priester des Erzbistums Gnesen-Posen
* 21. Mai 1903
1. Juli 1928 PW
† 22. März 1940 KZ Stutthof

HOEFT, Walter, Vikar
Priester des Bistums Danzig
* 29. Oktober 1906 Danzig
† 17. September 1939 b. Neustadt (Westpreußen)

KARBAUM, Ernst, Pfr.
Priester des Bistums Ermland
* 4. Februar 1891
3. Februar 1917 PW
† 18. Dezember 1940 KZ Stutthof

KOMOROWSKI, Bronislaus, Pfr.
Priester des Bistums Danzig
* 25. Mai 1889 Preußisch-Stargard
29. März 1914 PW
† 22. März 1940 KZ Stutthof

MAJEWSKI, Georg, Vikar
Priester des Bistums Danzig
* 22. August 1904 Danzig
19. Dezember 1931 PW
† 22. August 1942 KZ Dachau

ROGACZEWSKI, Franz, Pfr.
Priester des Bistums Danzig
* 23. Dezember 1892 Lipinken
(Kr. Schwetz)
16. März 1918 PW
† 22. März 1940 KZ Stutthof

SZYMANSKI, Wladislaus, Geistl. Religionslehrer
Priester des Bistums Kulm
* 5. April 1901 b. Neustadt (Westpreußen)
27. Juni 1926 PW
† 22. März 1940 KZ Stutthof

WIECKI, Bernhard von, Pfr.
Priester des Bistums Danzig
* 29. Februar 1884
13. März 1910 PW
† 22. März 1940 KZ Stutthof

WOHLFEIL, Robert, Pfr.
Priester des Bistums Danzig
* 1. Januar 1889
11. Februar 1917 PW
† 13. Juni 1940 KZ Oranienburg

3. Visitatur Ermland

BLUDAU, Bruno, Pfr.
Priester des Bistums Ermland
* 9. September 1890 Bürgerwalde
(Kr. Braunsberg)
9. Juli 1916 PW
† 5. Mai 1945 Lager im Ural

CHMIELEWSKI, Paul, Pfr.
Priester des Bistums Ermland
* 2. Januar 1889 Schönfelde
(Kr. Allenstein)
28. Februar 1915 PW
† 22. Januar 1945 Groß Kleeberg
(Kr. Allenstein)

GROSS, Dr. Bruno, Domkapitular
Priester des Bistums Ermland
* 6. Januar 1900 Lotterfeld (Kr. Braunsberg)
10. Februar 1924 PW
† Ende Juni 1945 Tscheboksari/Wolga

GROSS, Hubert, Kuratus
Priester des Bistums Ermland
* 31. Januar 1908
25. Juli 1932 PW
† 19. Januar 1947 Königsberg

HEINRICH, Karl, Pfr.
Priester des Bistums Ermland
* 24. April 1896 Rößel
20. Juli 1924 PW
† Mai/Juli 1945 Smalensk (UdSSR)

HIPPEL, Georg, Pfr.
Priester des Bistums Ermland
* 29. April 1905 Guttstadt (Kr. Heilsberg)
14. Juli 1929 PW
† 1945 auf dem Transport in die UdSSR

HUHN, Paul, Propst
Priester des Bistums Ermland
* 23. Oktober 1906 Seeburg (Kr. Rößel)
5. März 1933 PW
† 26. Februar 1945 Tolkemit (Kr. Elbing))

KLEMENT, Bernhard, Pfr.
Priester des Bistums Ermland
* 17. Oktober 1888
28. Februar 1915 PW
† 28. Februar 1945 Allenstein

LANGKAU, Otto, Pfr.
Priester des Bistums Ermland
* 30. Oktober 1871
8. November 1896 PW
† 21. Januar 1945 Groß Bertung (Kr. Allenstein)

LANGKAU, Paul, Kpl.
Priester des Bistums Ermland
* 20. August 1903 Rößel
12. Februar 1928 PW
† Mai 1945 Nischnij Tagil b. Swerdlowsk (UdSSR)

LINDENBLATT, Johannes, Pfr.
Priester des Bistums Ermland
* 23. Juni 1882 Tollnigk (Kr. Rößel)
9. Juli 1905 PW
† 27. Januar 1945 Rastenburg (Ostpreußen)

MARQUARDT, Johannes, Pfr.
Priester des Bistums Ermland
* 18. Juli 1888 Memel (Ostpreußen)
26. Januar 1913 PW
† 29. Januar 1945 Plausen (Kr. Rößel)

MORITZ, Aloys, Pfr.
Priester des Bistums Ermland
* 22. März 1892 Alt Kockendorf (Kr. Allenstein)
5. August 1917 PW
† Februar 1945 b. Szatura-Torf (UdSSR)

OLSCHEWSKI, Leo, Propst
Priester des Bistums Ermland
* 14. April 1894
23. November 1919 PW
† 10. August 1942 KZ Dachau

PROTHMANN, Adalbert, Pfr.
Priester des Bistums Ermland
* 15. Juni 1876 Gayl (Kr. Braunsberg)
31. Januar 1904 PW
† 4. Februar 1945 Prossitten (Kr. Braunsberg)

SCHIKOWSKI, Dr. Ulrich, Pfr.
Priester des Bistums Ermland
* 4. August 1907 Bischofsburg (Kr. Rößel)
28. Februar 1932 PW
† 27. Januar 1945 Tiedmansdorf (Kr. Braunsberg)

SCHULZ, Arthur, Pfr.
Priester des Bistums Ermland
* 11. November 1897 London
15. Juli 1927 PW
† 30. Januar 1945 Bischofstein (Kr. Rößel)

SCHWARTZ, Paul, Pfr., G.R.
Priester des Bistums Ermland
* 3. März 1878 Heilsberg
8. Februar 1903 PW
† 12. Februar 1945 Frauenwalde (Kr. Heilsberg)

SOCHACZEWSKI, Bronislaus, Pfr.
Priester des Bistums Ermland
* 15. Mai 1886 Kaschubei (Westpreußen)
26. Januar 1913 PW
† 13. Mai 1940 KZ Sachsenhausen

STEINKI, Josef, Domkapitular i.R.
Priester des Bistums Ermland
* 19. Dezember 1889 Glottau (Kr. Heilsberg)
9. Juli 1916 PW
† 16. Februar 1945 Allenstein

SWITALSKI, Dr. Bronislaus Wladislaus, Domherr, Prof.
Priester des Bistums Ermland
* 27. Juni 1875 Kankel b. Lissa (Prov. Posen)
10. September 1899 PW
† 9. Februar 1945 Frauenburg

THATER, Wilhelm, Erzpriester
Priester des Bistums Ermland
* 2. Februar 1893 Heilsberg
21. März 1920 PW
† 1945 Samara (UdSSR)

THIDIGK, Gerhard, Pfr.
Priester des Bistums Ermland
* 22. September 1892 Schubin (Kr. Bromberg)
8. Februar 1925 PW
† Februar/März 1945 auf dem Transport zum Ural

WEICHSEL, Bruno, Ordinariatsrat
Priester des Bistums Ermland
* 11. Oktober 1903 Mehlsack (Kr. Braunsberg)
13. Februar 1927 PW
† Januar 1945 Saalfeld (Kr. Mohrungen)

WESSOLEK, Hugo, Kpl.
Priester des Bistums Ermland
* 1. Oktober 1905 Allenstein
31. März 1940 PW
† Februar/März 1945 auf dem Transport zum Ural

WILL, Hugo, Pfarrvikar
Priester des Bistums Ermland
* 28. Januar 1899 Sternberg (Kr. Heilsberg)
2. März 1930 PW
† Mai 1945 Karelien (UdSSR)

WITT, Gerhard, Kpl.
Priester des Bistums Ermland
* 3. Juli 1912 Rößel
7. März 1937 PW
† 19. Mai 1945 Elbing

ZAGERMANN, Franz, Pfr.
Priester des Bistums Ermland
* 28. Juli 1882 Zagern (Kr. Braunsberg)
23. Juni 1907 PW
† 25. Februar 1945 Glockstein (Kr. Rößel)

ZIEMETZKI, Joachim, Pfr.
Priester des Bistums Ermland
* 4. September 1886 Dietrichswalde (Kr. Allenstein)
25. Juli 1920 PW
† 26. Januar 1945 Alt-Wartenburg (Kr. Allenstein)

ZIMMERMANN, Felix, Pfr.
Priester des Bistums Ermland
* 22. März 1886 Freudenberg (Kr. Rößel)
6. Juni 1913 PW
† 28. April 1945 Lager Semereit (UdSSR)

ZINT, Helmut, Erzpriester
Priester des Bistums Ermland
* 2. Mai 1891 Kalwe (Kr. Stuhm)
9. Juni 1916 PW
† 30. März 1945 Jeneikow (Donezgebiet/UdSSR)

4. Visitatur Freie Prälatur Schneidemühl

MERSMANN, Alfons, Pfr.
Priester der Freien Prälatur Schneidemühl
* 7. März 1905 Greven (Westfalen)
22. März 1931 PW
† 12. April 1945 zwischen KZ Buchenwald und Wohlau

WITT, Maximilian, Pfr.
Priester des Bistums Kulm
* 20. März 1887 Mewe (Kr. Marienwerder)
29. März 1914 PW
† 20. Juli 1942 KZ Dachau

5. Visitatur der Grafschaft Glatz

HIRSCHFELDER, Gerhard, Kpl.
Priester des Erzbistums Prag
* 17. Februar 1907 Glatz
31. Januar 1932 PW
† 1. August 1942 KZ Dachau

6. Visitatur Sudetenland

BIOLY, Peter, Pfr.
Priester des Bistums Leitmeritz
* 31. Januar 1879 Trockenfeld (Kr. Groß Strehlitz)
29. Juni 1908 PW
† 6. Juli 1942 auf dem Transport nach Schloß Hartheim b. Linz (Östr.)

Kaplan Gerhard Hirschfelder (1907-1942)

ENDT, Franz Xaver, Pfr.
Priester des Bistums Königgrätz
* 11. Januar 1891 Groß Borrowitz (Kr. Paka)
25. Juni 1916 PW
† 16. März 1944 Brieg (Oberschlesien)

FISCHER, Eduard, Erzdechant
Priester des Erzbistums Prag
* 16. September 1901 Weipert-Neugeschrei (Erzgebirge)
5. Juli 1925 PW
† 27. April 1945 Falkenau (nach Rückkehr aus KZ Dachau)

FUNK, Alois, Kpl.
Priester des Erzbistums Prag
* 4. Dezember 1914 Lubenz (Lkr. Deutsch-Brod)
29. Juni 1939 PW
† 25. Dezember 1942 ebd.

GEBERT, Dr. Anton, Domkapitular
Priester des Erzbistums Prag
* 10. April 1885 Heiligenkreuz b. Plan (Kr. Tachau)
18. Juli 1909 PW
† 17. Mai 1942 KZ Dachau

GROHMANN, Dr. Anton, Pfr.
Priester des Bistums Leitmeritz
* 18. März 1887 Johannesberg (Kr. Schluckenau)
16. Juli 1911 PW
† nach dem 1. Januar 1944 Praskowitz/Elbe

HÖFFERL, Johann, Dechant
Priester des Bistums Budweis
* 28. Oktober 1883 Großrammerschlag b. Neubistritz (Südböhmen)
4. Juni 1916 PW
† 24. November 1940 KZ Mauthausen (Östr.)

LANG, Augustin, Pfr.
Priester des Bistums Leitmeritz
* 29. August 1869 Bad Kreuznach
1. Mai 1897 PW
† 3. Mai 1941 Dittersbach

LAUBER, Dr. Robert, Dechant
Priester des Erzbistums Prag
* 22. April 1906 Arnau (Kr. Hohenelbe)
28. Juni 1931 PW
† 19. Dezember 1942 KZ Dachau

OTT, Dr. Johann, Erzdechant
Priester des Erzbistums Prag
* 25. September 1885 Duppau (Kr. Kaaden)
18. Juli 1909 PW
† 28. September 1943 Prag

PATTLOCH, Alfred, Pfr.
Priester des Bistums Leitmeritz
* 16. November 1873 Köln
17. Juli 1904 PW
† 1943 b. Rudig

SAGNER, Benedikt, Pfr.
Priester des Bistums Leitmeritz
* 1. Juli 1892 Zwoischen (Kr. Bergreichenstein)
29. Juni 1917 PW
† 14. Januar 1945 Zuchthaus Diez (Hessen)

SCHMIDL, Dr. Johann, Religionsprofessor
Priester des Erzbistums Prag
* 18. Juli 1902 Weipert-Neugeschrei (Erzgebirge)
4. Juli 1926 PW
† 23. Juni 1942 KZ Dachau

SCHRAMMEL, Karl, Seminardirektor
Priester des Erzbistums Olmütz
* 22. September 1907 Friedek (Mähren)
1932 PW
† 5. Februar 1945 KZ Buchenwald

SMOLIK, Johann Nepomuk, Pfr.
Priester des Erzbistums Prag
* 5. September 1878 Wien
1903 PW
† 26. August 1942 KZ Dachau

UHLIG, Wilhelm Pfr.
Priester des Erzbistums Prag
* 5. Mai 1885 Budapest
29. Juli 1908 PW
† 1. März 1945 KZ Dachau

WIHAN, Franz, Pfarradministrator
Priester des Bistums Königgrätz
* 8. März 1908 Güntersdorf (Kr. Königinhof)
29. Juni 1934 PW
† 10. März 1940 Sternberg (Kr. Troppau)

III. Ordensmänner

ABEL, P. Heribert
Steyler Missionar
* 2. Februar 1916 Ommersheim/Saar
1. Mai 1940 Ew. Prozeß – 27. April 1941 PW
† 11. Januar 1944 Borissow/Bersina (UdSSR)

ALBRECHT, Fr. Johannes
Jesuit
* 18. April 1907 Dingelstädt (Eichsfeld)
1936 Ew. Profeß
† 18. September 1943 Zuchthaus Brandenburg-Görden

AVERESCH, P. Josef
Redemptorist
* 1. April 1902 Hörstel (Kr. Tecklenburg)
27. April 1930 PW
† 20. Juni 1949 ebd. (nach KZ Dachau)

BARKHOLT, P. Werner
Jesuit
* 25. Mai 1902 Hagenau (Elsaß)
1933 PW
† 18. Juli 1942 KZ Dachau

BENNINGHAUS, P. Augustin
Jesuit
* 7. November 1880 Druchhorn (Lkr. Osnabrück)
24. August 1913 PW
† 20. Juli 1942 KZ Dachau

BRUNKE, P. Thaddäus (Wilhelm)
Franziskaner
* 21. Januar 1903 Harburg b. Hamburg
24. April 1927 Ew. Profeß – 7. April 1929 PW
† 5. August 1942 KZ Dachau

DELP, P. Dr. Alfred
Jesuit
* 15. September 1907 Mannheim
24. Juni 1937 PW – 8. Dezember 1944 Ew. Profeß
† 2. Februar 1945 Gefängnis Berlin-Plötzensee

DEML, P. Norbert Leopold
Franziskaner
* 13. Dezember 1909 Tirpes (Kr. Landskron)
17. August 1931 Ew. Profeß – 29. Juni 1933 PW
† 17. September 1942 Arbeitslager Pretzsch/Elbe

DÖRR, P. Hugolin
Steyler Missionar
* 24. Juli 1895 Sellerbach (Saarland)
1922 Ew. Profeß – 1923 PW
† 6. Juni 1940 Fort Asnières b. Dijon

DROZNIAK, P. Peter
Herz-Jesu-Missionar
* 24. Juli 1902 Herne
10. August 1928 PW
† März 1945 b. Gefangenentransport im Ural

EISE, P. Albert
Pallottiner
* 7. November 1896 Oeffingen b. Stuttgart
25. September 1921 Ew. Profeß – 6. Juni 1925 PW
† 3. September 1942 KZ Dachau

FRANK, P. Johannes
Steyler Missionar
* 9. November 1900 Niederscheidweiler b. Trier
1927 PW
† 1945 UdSSR (verschollen)

FUCHS, P. Gottfried
Steyler Missionar
* 4. September 1892 Leverkusen-Schlebusch
5. Dezember 1914 PW
† 29. Januar 1945 Stuhm (Westpreußen)

GERSTER, P. Athanasius (August)
Benediktiner
* 4. August 1877 Dogern (Kr. Waldshut)
9. September 1900 Ew. Profeß – 30. November 1906 PW
† 15. März 1945 Zuchthaus Bayreuth

GOEBELS, Br. Johannes Xaver (Johannes)
Maristen-Schulbruder
* 27. August 1896 [Duisburg-]Meiderich
15. August 1922 Ew. Profeß
† 17. März 1944 KZ Dachau

GRIMM, P. Alois
Jesuit
* 24. Oktober 1886 Külsheim b. Wertheim/Main
20. Juli 1920 PW
† 11. September 1944 Zuchthaus Brandenburg-Görden

GRÖSSER, P. Dr. Max Joseph
Pallottiner
* 5. August 1887 Hannover
24. September 1908 Ew. Profeß – 7. Juli 1911 PW
† 19. März 1940 Berlin

HARTZ, P. Theodor
Salesianer Don Boscos
* 2. Januar 1887 [Goldenstedt] Lutten (Oldenburg)
9. August 1914 PW
† 23. August 1942 KZ Dachau

HEIDE, P. Georg
Steyler Missionar
* 22. August 1885 Windtken (Kr. Allenstein)
11. November 1908 Ew. Profeß – 14. Februar 1909 PW
† 8. Juli 1945 Liebenberg (Ostpreußen)

HENKES, P. Richard
Pallottiner
* 26. Mai 1900 Ruppach (Westerwald)
6. Juni 1925 PW
† 22. Februar 1945 KZ Dachau

HIESTAND, P. Eugen (Ernst Reinhard)
Benediktiner
* 6. Februar 1901 Kreuzlingen (Schweiz)
28. September 1925 Ew. Profeß – 1926 PW
† 28. September 1940 „Tötungsanstalt“ Grafeneck

HIGI, P. Marcellus (Adolf)
Benediktiner
* 25. März 1878 [Starzach-]Bierlingen (Württemberg)
20. September 1903 PW
† 16. November 1941 Theresienstadt (Böhmen)

JAKISCH, P. Lambert (Josef)
Benediktiner
* 4. Oktober 1887 Halbstadt b. Braunau (Böhmen)
6. Juli 1913 PW
† 7. Juli 1943 Braunau (Böhmen)

KIRCHHOFF, P. Kilian (Joseph)
Franziskaner
* 17. Dezember 1892 Rönkhausen (Sauerland)
15. August 1920 Ew. Profeß – 1. April 1922 PW
† 24. April 1944 Zuchthaus Brandenburg-Görden

KLODWIG, P. Bernhard
Redemptorist
* 7. September 1897 Priment b. Posen
15. April 1928 PW
† 8./9. Februar 1945 Gleiwitz

KLUGER, P. Dr. Heribert (Eduard)
Mitglied des Deutschen Ordens
* 25. Juli 1881 Neu-Zechsdorf (Österr. Schlesien)
3. Mai 1905 Ew. Profeß – 29. Juni 1905 PW
† 18. Januar 1945 KZ Dachau

KOLFENBACH, P. Josef
Redemptorist
* 2. Januar 1905 [Bad] Honnef/Rhein
7. April 1929 PW
† 31. März 1945 Komigebiet/Ischmar (UdSSR)

KOPLIN, P. Anizet (Adalbert)
Kapuziner
* 30. Juli 1875 Preußisch-Friedland (Westpreußen)
15. August 1900 PW
† 16. Oktober 1941 KZ Auschwitz

KORTENDIECK, P. Theodor
Herz-Jesu-Missionar
* 7. Februar 1887 Lüdinghausen
10. August 1911 PW
† 4. Februar 1945 Prossitten (Kr. Braunsberg)

KREMER, Br. Johannes Leodegar
Pallottiner
* 30. April 1893 Mannheim
† 6. November 1944 Zuchthaus Brandenburg-Görden

KUBIAK, Br. Norbert Maria (Johann)
Dominikaner
* 10. November 1892 Magdeburg
1924 Ew. Profeß
† 20. April 1942 KZ Oranienburg

LOH, P. Stanislaus (Franz)
Herz-Jesu-Priester
* 25. Februar 1879 Nordhorn (Kr. Grafschaft Bentheim)
25. Juli 1913 PW
† 20. März 1941 Gefängniskrankenhaus Düsseldorf

LOHAUSEN, P. Raymund (Peter)
Zisterzienser
* 16. April 1897 Siegburg (Rheinland)
14. Juni 1924 PW
† 31. Januar 1948 Krankenhaus Augsburg (nach KZ Dachau)

LOHNER, P. Ernst
Spiritaner
* 29. November 1901 Straßburg
27. April 1930 PW
† 29. Februar 1944 Zuchthaus Bayreuth

LORENZ, P. Friedrich
Oblate der Makellosen Jungfrau Maria
* 10. Juni 1897 Klein-Freden b. Hildesheim
25. Juli 1923 Ew. Profeß – 6. Juli 1924 PW
† 13. November 1944 Halle

MAIER, Br. Franz Xaver
Pallottiner
* 5. August 1910 Reithof (Kr. Straubing)
† 18. August 1942 Gestapogefängnis Frankfurt

MANGOLD, P. Petrus (Karl)
Franziskaner
* 31. Januar 1889 Scheinfeld (Mittelfranken)
19. September 1920 PW
† 18. Juli 1942 KZ Dachau

MARING, P. Dr. Albert
Jesuit
* 6. April 1883 Koblenz
1934 PW
† 8. April 1943 KZ Dachau

MARKÖTTER, P. Elpidius (Joseph)
Franziskaner
* 8. Oktober 1911 Südlohn (Münsterland)
23. April 1936 Ew. Profeß – 27. März 1939 PW
† 28. Juni 1942 KZ Dachau

MARTIN, Br. Clemens (Franz)
Kongregation der Missionare vom Kostbaren Blut
* 29. Dezember 1875 Harthausen b. Speyer
† 8. Januar 1945 KZ Dachau

OSSOWSKI, Br. Eduard
Pallottiner
* 3. Juli 1878 Struga (Kr. Konitz)
† 14. Januar 1944 Gestapogefängnis Frankfurt

PATERMANN, Br. Servulus (Alfons)
Kapuziner
* 21. Dezember 1901 Bühne (Westfalen)
19. März 1926 Ew. Profeß
† 16. April 1943 KZ Dachau

PETRI, Br. Virgilius (Johann)
Kongregation der Franziskanerbrüder vom Hl. Kreuz
* 30. März 1889 [Köllerbach] Cölln/Saar
† 1942 Schloß Hartheim b. Linz (Östr.)

PIATKOWSKI, Br. Wolfgang (Paul)
Franziskaner
* 19. September 1907 Ronnenberg b. Hannover
† 22. April 1945 auf dem Weg ins KZ Flossenbürg

REINISCH, P. Franz
Pallottiner
* 1. Februar 1903 Tisis b. Feldkirch (Östr.)
Juni 1928 PW – 8. Dezember 1933 Ew. Profeß
† 21. August 1942 Zuchthaus Brandenburg-Görden

RIEPE, P. Franz
Steyler Missionar
* 26. Juli 1885 [Ostercappeln-]Schwagstorf b. Osnabrück
1911 Ew. Profeß – 30. August 1914 PW
† 13. August 1942 KZ Dachau

ROSENBAUM, Br. Wolfgang (Fritz)
Profeßlaie des Franziskanerordens
* 27. Mai 1915 Witten/Ruhr
† 30. September 1942 KZ Auschwitz

SCHERER, P. Gerhard (Michael)
Zisterzienser
* 15. März 1892 Stams (Östr.)
† März 1944 Zuchthaus Brieg (Sachsen)

SCHLÖSSINGER, P. Wilhelm (Franz)
Dominikaner
* 22. Oktober 1880 Bodenbach/Elbe (Böhmen)
25. September 1901 Ew. Profeß – 19. Juli 1903 PW
† 3. Oktober 1941 Leitmeritz

SCHOLZ, P. Roman (Karl)
Augustiner-Chorherr
* 26. Januar 1912 Mährisch-Schönberg
1936 PW
† 10. Mai 1944 Wien

SCHUBERT, P. Dr. Augustinus Franz
Augustiner-Eremit
* 14. Mai 1902 Prag-Zizkov
20. Januar 1929 PW
† 28. Juli 1942 KZ Dachau

SCHULZ, P. Heribert
Jesuit
* 27. September 1908 Guttstadt (Ermland)
18. April 1938 PW
† 2. März 1945 auf dem Transport zum Ural

SCZYGIEL, P. Placidus
Franziskaner
* 4. September 1879 Bogutschütz (Oberschlesien)
22. Juni 1907 PW
† 11. Dezember 1943 KZ Dachau

P. Engelmar (Hubert) Unzeitig (1911-1945)

SEIBOLD, P. Edelfried (Alfred)
Benediktiner
* 8. Mai 1908 Neu-Ulm
23. April 1939 Ew. Profeß – 10. März 1940 PW
† 8. Mai 1944 b. Putoschka (UdSSR)

SPIX, P. Alphons (Walter)
Kongregation von den Heiligsten Herzen Jesu und Mariens
* 17. Juni 1894 Mönchengladbach
25. September 1924 Ew. Prozeß – 6. Juli 1925 PW
† 9. August 1942 KZ Dachau

SVOBODA, P. Coelestin (Heinrich)
Prämonstratenser
* 1. August 1893 Böhmisch-Babylon
1. Oktober 1916 Ew. Profeß – 24. Juni 1917 PW
† 16. August 1943 Prag

UNTERBERG, P. Reinhold (Johannes)
Salvatorianer
* 5. Oktober 1893 Bottrop
4. August 1929 PW
† 23. Mai 1940 KZ Sachsenhausen

UNZEITIG, P. Engelmar (Hubert)
Mariannhiller Missionar
* 1. März 1911 Greifendorf b. Brünn
1. Mai 1938 Ew. Profeß – 6. August 1939 PW
† 2. März 1945 KZ Dachau

ZADRAZIL, P. Alfons Ottokar
Augustiner-Eremit
* 29. Dezember 1900 Lundenburg (Böhmen)
5. Juni 1927 PW
† 23. März 1945 Gefängnis Prag-Pankraz

ZÖHREN, P. Dionysius (Heinrich)
Kapuziner
* 27. Juli 1903 Krefeld
1927 Ew. Profeß – 19. März 1929 PW
† 3. Februar 1943 KZ Dachau

IV. Ordensfrauen und weibliche Mitglieder von Instituten des geweihten Lebens

HOLUBARS, Charlotte
Gemeinschaft der Frauen von Schönstatt
* 12. November 1883 Striegau (Niederschlesien)
6. April 1929 Ew. Profeß
† 9. November1944 KZ Ravensbrück

LAUFENBERG, Maria
Gemeinschaft der Frauen von Schönstatt
* 13. November 1910 Nilvingen (Lothringen)
Oktober 1939 Ew. Profeß
† 7. März 1944 Mechernich (Eifel)

LÖWENFELS, Sr. M. Aloysia (Luise)
Arme Dienstmagd Jesu Christi
* 5. Juli 1915 Trabelsdorf (Oberfranken)
† 9. August 1942 KZ Auschwitz

MICHAELIS, Sr. Mirjam (Elisabeth)
Kongregation der Schwestern vom hl. Josef
* 31. März 1889 Berlin
1935 Ew. Profeß
† 9. August 1942 KZ Auschwitz

PRITZL, Sr. M. Epiphania (Barbara)
Schulschwester von Unserer Lieben Frau
* 26. August 1881 Hirschau (Böhmen)
7. August 1905 Ew. Profeß
† 18. März 1944 KZ Ravensbrück

STEIN, Hl. Sr. Teresia Benedicta a Cruce (Dr. Edith)
Unbeschuhte Karmelitin
* 12. Oktober 1891 Breslau
21. April 1938 Ew. Profeß
† 9. August 1942 KZ Auschwitz

Heilige Schwester Teresia Benedicta a Cruce (Dr. Edith Stein)
(1891-1942)

V. Laien

Die Priester der verschiedenen Bistümer sind durch ihre Inkardination einer bestimmten Diözese zugeordnet. Auch die männlichen und weiblichen Ordensleute gehören durch die Gelübde einem Orden bzw. einer Kongregation an. Die nachstehend aufgeführten Laien werden daher in Analogie einem Bistum bzw. Jurisdiktionsbereich zugeordnet, in dem sie wichtige Jahre ihres Lebens verbracht haben und in denen ihnen ein ehrendes Gedächtnis bis in unsere Gegenwart bewahrt wird.

ADLHOCH, Johannes
Schreiner – Reichstagsabgeordneter
* 29. Januar 1884 Straubing
† 21. Mai 1945 München (nach KZ Dachau)
Augsburg

BABILON, Theodor
Geschäftsführer des Kolpinghauses Köln-Zentral
* 26. Februar 1899 Köln
† 11. Februar 1945 KZ Buchenwald (Außenlager Ohrdruf)
Köln

BAUER, Ludwig
Gärtnereibesitzer
* 4. Oktober 1891 Oppenheim/Rhein
† 21. Oktober 1942 KZ Dachau
Mainz

BELLO, Heinz
Student der Medizin
* 5. September 1920 Breslau
† 29. Juni 1944 Gefängnis Berlin-Tegel
Münster

BERTRAM, Rosa
Hausfrau
* 22. Juni 1898 Worms
† 24. März 1945 Bensheim (Bergstraße)
Mainz

BIEDENBACH, Raymund
Bankbeamter
* 26. November 1910 Hünfeld b. Fulda
† 20. September 1944 Gefängnis Berlin-Spandau
Fulda

BOCKIUS, Dr. Friedrich August
Rechtsanwalt – Reichstagsabgeordneter
* 11. Mai 1882 Bubenheim (Rheinhessen)
† 5. März 1945 KZ Mauthausen (Östr.)
Mainz

BOLZ, Eugen
Staatspräsident von Württemberg
* 15. Dezember 1881 Rottenburg am Neckar
† 23. Januar 1945 Gefängnis Berlin-Plötzensee
Rottenburg-Stuttgart

BREIDBACH-BÜRRESHEIM, Dr. Randolph Frhr. von
Assessor – Oberleutnant
* 10. August 1912 Bonn
† 13. Juni 1945 KZ Sachsenhausen
Köln

zusammen mit

BONHOEFFER, Dr. Dietrich
Ev. Pastor und Theologe
* 4. Februar 1906 Breslau
† 9. April 1945 KZ Flossenbürg

BRUCKMAYER, Josef
Mühlenbesitzer
* 3. Februar 1896 Altötting
† 28. April 1945 ebd.
Passau

BUCH, Eva-Maria
Dolmetscherin – Buchhändlerin
* 31. Januar 1921 Berlin-Charlottenburg
† 5. August 1943 Gefängnis Berlin-Plötzensee
Berlin

BÜTER, Bernhard
Landwirt
* 16. Oktober 1913 Wachtum (Kr. Cloppenburg)
† 26. Mai 1944 Gefängnis Berlin-Tegel
Osnabrück

COY, Friedrich
Landwirt – Rolladenbauer
* 1. Februar 1891 Habitzheim (Hessen)
† 3. Juli 1944 Zuchthaus Brandenburg-Görden
Mainz

DARAPSKY, Emil
Lehrer
* 10. Juni 1906 Mainz
† 30. Oktober 1944 Zuchthaus Brandenburg-Görden
Mainz

DOHRN, Harald
Gutsbesitzer
* 17. April 1885 Neapel
† 29. April 1945 München
München und Freising

DRECHSEL-DEUFFENSTETTEN, Max Ulrich Graf von
Gerichtsreferendar – Hauptmann i.G.
* 4. Oktober 1911 Schloß Karlstein (Oberpfalz)
† 4. September 1944 Gefängnis Berlin-Plötzensee
Regensburg

EICKELS, Matthias
Reichsbahn-Assistent
* 15. Dezember 1887 Klinkum b. Wegberg (Rheinland)
† 10. Dezember 1942 KZ Dachau
Aachen

ERTNER, Arno
Ingenieur
* 3. April 1904 Luckenwalde
† 15. Februar 1943 KZ Dachau
Berlin

FALKOWSKI, Adolf Anton
Priesteramtskandidat des Bistums Mainz
* 30. Juni 1917 Mainz
† 1944 Griechenland (verschollen)
Mainz

FEHLER, Josef
Geschäftsmann
* 17. Dezember 1893 Schloin (Oberschlesien)
† 3. Mai 1945 Cap Arcona b. Neustadt (Holstein)
Münster

FORTMANN, Meinard
Oberpostschaffner
* 15. Mai 1891 Vechta (Oldenburg)
† nach dem 13. Mai 1945 KZ Bergen-Belsen
Münster

FRANCKEN-SIERSTORPFF, Johannes Graf von
Bergwerks- und Gutsbesitzer
* 1. November 1884 Endersdorf (Oberschlesien)
† 24. Februar 1945 Hof/Saale
Breslau

FRANK, Reinhold
Rechtsanwalt
* 23. Juli 1896 [Ostrach-]Bachhaupten (Kr. Sigmaringen)
† 23. Januar 1945 Gefängnis Berlin-Plötzensee
Freiburg i.Br.

FREDE, Wilhelm
Konsulatsbeamter
* 29. Juni 1875 [Duisburg-]Meiderich
† 13. März 1942 KZ Sachsenhausen
Münster

FÜRST, Siegfried
Kaufmann
* 21. Mai 1889 Hamburg
† nach dem 24. Oktober 1942 KZ Auschwitz
Magdeburg

GERIG, Otto
Kaufmännischer Angesteller – Reichstagsabgeordneter
* 9. Juni 1885 Rosenberg (Baden)
† 3. Oktober 1944 KZ Buchenwald
Köln

GERLICH, Dr. Fritz Michael
Historiker – Journalist
* 15. Februar 1883 Stettin
† 1. Juli 1934 KZ Dachau
München und Freising

GIRKENS, Andreas
Bäckermeister
* 11. Oktober 1883 [Mechernich-]Hostel
† 3. Oktober 1944 KZ Außenlager Köln-Deutz
Aachen

GOLDSCHMIDT, Annemarie
Hausmädchen
* 31. Januar 1922 München
† 9. August 1942 KZ Auschwitz
München und Freising

GOLDSCHMIDT, Elfriede
Hausmädchen
* 4. August 1923 München
† 9. August 1942 KZ Auschwitz
München und Freising

GRAF, Willi
Student der Medizin
* 2. Januar 1918 [Euskirchen-]Kuchenheim
† 12. Oktober 1943 Gefängnis München-Stadelheim
München und Freising

zusammen mit

SCHMORELL, Alexander (russisch-orthodox)
Student der Medizin
* 16. September 1917 Orenburg/Ural
† 13. Juli 1943 Gefängnis München-Stadelheim

SCHOLL, Hans (ev.)
Student der Medizin
* 22. September 1918 Ingerstein/Jagst
† 22. Februar 1943 Gefängnis München-Stadelheim

SCHOLL, Sophie (ev.)
Studentin der Philosophie und Biologie
* 9. Mai 1921 Forchtenberg i. Kochertal
† 22. Februar 1943 Gefängnis München-Stadelheim

GROSS, Nikolaus
Hauptschriftleiter der Westdeutschen Arbeiterzeitung bzw. Kettelerwacht
* 30. September 1898 [Hattingen-]Niederwenigern/Ruhr
† 23. Januar 1945 Gefängnis Berlin-Plötzensee
Essen

GUTTENBERG, Dr. Karl Ludwig Frhr. von und zu
Gutsbesitzer
* 22. Mai 1902 Würzburg
† 24. April 1945 Berlin
Würzburg

HALLAU, Heinz-Udo
Lehrling
* 12. Januar 1926 Bielefeld
† 19. August 1943 Bethel b. Bielefeld
Paderborn

HARNIER, Dr. Adolf Frhr. von
Rechtsanwalt
* 14. April 1903 München
† 12. Mai 1945 Zuchthaus Straubing
München und Freising

Hauptschriftleiter der Westdeutschen Arbeiterzeitung bzw. Kettelerwacht
Nikolaus Groß (1898-1945)

HEISS, Alfred Andreas
Justizangesteller
* 18. April 1904 Triebenreuth (Oberfranken)
† 24. September 1940 Zuchthaus Brandenburg-Görden
Bamberg

HERBERT, Franz
Landwirt – Reichstagsabgeordneter
* 8. Mai 1885 Kolitzheim (Unterfranken)
† 7. Februar 1945 KZ Mauthausen (Östr.)
Würzburg

HUBER, Dr. Kurt
Universitätsprofessor
* 26. Oktober 1893 Chur (Schweiz)
† 13. Juli 1943 Gefängnis München-Stadelheim
München und Freising

HUTH, Ewald
Chordirektor
* 11. Januar 1890 Bad Hersfeld (Hessen)
† 1. November 1944 Stuttgart
Freiburg i.Br.

IGL, Johann
Schneidergeselle
* 28. November 1912 Schirndorf (Oberpfalz)
† 21. April 1945 Gefängnis Regensburg
Regensburg

JOSEPH, Fred
Apotheker
* 18. Oktober 1911 Luzern (Schweiz)
† 21. Januar 1943 KZ Auschwitz
Würzburg

KAISER, Matthias
Leutnant
* 26. Juni 1921 Kronach (Oberfranken)
† 29. November 1944 Wehrmachtsgefängnis Anklam (Pommern)
Bamberg

KANTOROWICZ, Dr. Ruth
Bibliothekarin
* 7. Januar 1901 Hamburg
† 9. August 1942 KZ Auschwitz
Hamburg

KEHRER, Josef
Landrat
* 14. Oktober 1909 Wernberg (Oberpfalz)
† 30. April 1945 Altötting
Passau

KETTELER, Wilhelm Emanuel Frhr. von
Honorattaché
* 15. Juni 1906 Eringerfeld (Kr. Lippstadt)
† März 1938 Wien
Paderborn

KITZELMANN, Michael
Leutnant
* 29. Januar 1916 Horben b. Brugg (Lkr. Lindau)
† 11. Juni 1942 Orel (UdSSR)
Augsburg

KLAUSENER, Dr. Erich
Preußischer Ministerialdirektor
* 25. Januar 1885 Düsseldorf
† 30. Juni 1934 Berlin
Berlin

KLEINSORGE, Dr. Josef
Direktor der Höheren Landwirtschaftsschule
* 4. Dezember 1878 Sundern (Kr. Arnsberg)
† 12. Januar 1945 KZ Dachau
Münster

KLINGENBECK, Walter
Anlernschaltmechaniker
* 30. März 1924 München
† 5. August 1943 Gefängnis München-Stadelheim
München und Freising

KNAB, Anton
Volksschullehrer
* 3. März 1878 Bodenheim (Rheinhessen)
† 14. März 1945 KZ Dachau
Mainz

KÖNZGEN, Gottfried
Arbeitersekretär der Katholischen Arbeiter-Bewegung
* 3. April 1886 Mönchengladbach
† 15. März 1945 KZ Mauthausen (Östr.)
Essen

KÖRNER, Heinrich
Landesgeschäftsführer der Christlichen Gewerkschaften in Westdeutschland
* 30. April 1892 Essen
† 25. April 1945 Gefängnis Berlin-Plötzensee
Essen

KRANZFELDER, Alfred
Korvettenkapitän
* 10. Februar 1908 Kempten (Allgäu)
† 10. August 1944 Gefängnis Berlin-Plötzensee
Augsburg

KREULICH, Bernhard
Fördermaschinist
* 13. Januar 1890 Essen-Kray
† 17. März 1944 Gefängnis Berlin-Plötzensee
Essen

KREULICH, Maria
Hausfrau
* 5. Oktober 1889 Essen-Kray
† 19. März 1944 Gefängnis Berlin-Plötzensee
Essen

KUENZER, Dr. Richard
Wirklicher Legationsrat a.D.
* 6. September 1875 Freiburg i.Br.
† 23. April 1945 Berlin
Freiburg i.Br.

KUHLMANN, Ernst
Priesteramtskandidat des Erzbistums Paderborn
* 5. Oktober 1916 [Herzebrock-]Clarholz (Kr. Gütersloh)
† 14. April 1940 KZ Sachsenhausen
Paderborn

KURZE, Anton
Volksschulrektor
* 19. März 1875 Altenbeken (Kr. Paderborn)
† 23. Juni 1941 [Hagen-]Boele
Paderborn

LAMA, Friedrich Ritter von
Schriftsteller – Journalist
* 4. September 1876 Salzburg
† 9. Februar 1944 Gefängnis München-Stadelheim
München und Freising

LANG, Fanny
Geschäftsfrau
* 13. März 1884
† 6. Juli 1944 KZ Auschwitz
Mainz

LEERS, Kurt Mathias von
Priesteramtskandidat des Bistums Osnabrück
* 22. Juli 1912 Gendertheim b. Straßburg
† 3. August 1945 Todtmoos (nach KZ Dachau)
Hamburg

LEJEUNE-JUNG, Dr. Paul
Syndikus der Zellstoffindustrie – Reichstagsabgeordneter
* 16. März 1882 Köln
† 8. September 1944 Gefängnis Berlin-Plötzensee
Köln

LEONROD, Ludwig Frhr. von
Major
* 17. September 1906 München
† 26. August 1944 Gefängnis Berlin-Plötzensee
München und Freising

LERPSCHER, Michael
Landwirt
* 5. November 1905 [Missen-]Wilhams (Allgäu)
† 5. September 1940 Zuchthaus Brandenburg-Görden
Augsburg

LETTERHAUS, Bernhard
Verbandssekretär der Katholischen Arbeiter-Bewegung
* 10. Juli 1894 [Wuppertal-]Barmen
† 14. November 1944 Gefängnis Berlin-Plötzensee
Köln

LEUNINGER, Franz
Gewerkschaftler
* 28. Dezember 1898 Mengerskirchen (Westerwald)
† 1. März 1945 Gefängnis Berlin-Plötzensee
Limburg

LIMPERT, Robert
Student der Philosophie
* 15. Juni 1925 Ansbach (Mittelfranken)
† 18. April 1945 ebd.
Bamberg

LÖRSCH, Erwin
Maurergeselle
* 23. April 1914 Lauschied b. Bad Kreuznach
† 24. Juni 1935 ebd.
Trier

LOTTNER, Michael
Gendarmerie-Hauptwachtmeister i.R.
* 3. Januar 1899 Katzdorf (Oberpfalz)
† 23. April 1945 Regensburg
Regensburg

LÜNINCK, Ferdinand Frhr. von
Gutsbesitzer – Oberpräsident a.D.
* 3. August 1888 Ostwig (Lkr. Meschede)
† 14. November 1944 Gefängnis Berlin-Plötzensee
Paderborn

MANDRELLA, Rudolf
Amtsgerichtsrat
* 6. März 1902 Auschwitz
† 3. September 1943 Zuchthaus Brandenburg-Görden
Berlin

MAROGNA-REDWITZ, Rudolf Graf von
Oberst
* 15. Oktober 1886 München
† 12. Oktober 1944 Gefängnis Berlin-Plötzensee
München und Freising

MATUSCHKA, Dr. Michael Graf von
Beamter – Abgeordneter des Preußischen Landtags
* 29. September 1888 Schweidnitz (Niederschlesien)
† 14. September 1944 Gefängnis Berlin-Plötzensee
Breslau

MAYROCK, Martin
Schirmmacher
* 10. Januar 1884 Memmingen
† 23. Juni 1944 ebd.
Augsburg

MEIER, Wolfgang
Landwirt
* 8. November 1878 Frauenornau (Lkr. Mühldorf)
† 22. Februar 1945 KZ Dachau
München und Freising

MEIROWSKY, Dr. Dr. Lisamaria
Ärztin
* 17. September 1904 Graudenz/Weichsel
† 9. August 1942 KZ Auschwitz
Köln

NEUMARK, Liselott
Fürsorgerin – Seelsorgehelferin
* 27. September 1910 [Berlin-]Charlottenburg
† März/April 1943 KZ Auschwitz (verschollen)
Berlin

NORDMANN, Alois
Maurer
* 3. Januar 1921 Erfurt-Melchendorf
† 20. Oktober 1944 Berlin-Spandau
Erfurt

OPPENHOFF, Franz
Oberbürgermeister – Rechtsanwalt
* 18. August 1902 Aachen
† 25. März 1945 ebd.
Aachen

PROBST, Adalbert
Reichsführer der Deutschen Jugendkraft
* 26. Juli 1900 Regensburg
† 2. Juli 1934 auf dem Transport nach Lichtenberg b. Berlin
Köln

PROBST, Christoph
Student der Medizin
* 6. November 1919 Murnau (Oberbayern)
† 22. Februar 1943 Gefängnis München-Stadelheim
München und Freising

QUECKE, Hans
Ministerialrat
* 3. April 1901 Gelsenkirchen
† 29. April 1945 München
München und Freising

QUINKE, Josef
Bäckermeister
* 18. Oktober 1905 [Finnentrop-]Fretter (Sauerland)
† 16. Dezember 1942 KZ Sachsenhausen
Paderborn

REIS, Alice
Fürsorgeschwester
* 17. September 1903 Berlin
† 9. August 1942 KZ Auschwitz
Berlin

RIEHL, Hans
Lagerhausverwalter
* 26. Oktober 1902 Unterumbach (Kr. Friedberg)
† 28. April 1945 Altötting
Passau

ROEINGH, Theodor
Gutsbesitzer – Ministerialdirektor a.D.
* 11. November 1882 Beverungen/Weser
† März 1945 KZ Bergen-Belsen
Paderborn

ROSENBERG, Dr. Hans Karl
Professor an der Pädagogischen Akademie
* 27. November 1891 Köln
† 17. April 1942 [Bonn-]Bad Godesberg
Köln

RÖSSNER, Adam
Landwirt – Müller
* 23. Dezember 1867 Hünfeld b. Fulda
† 9. November 1942 ebd.
Fulda

ROTH, Joseph
Volksschullehrer
* 30. Januar 1896 Köln
† 22. Januar 1945 [Bonn-]Friesdorf (nach KZ Buchenwald)
Köln

RUF, Josef
Schneidergehilfe
* 15. Dezember 1905 Hochburg (Oberschwaben)
† 10. Oktober 1940 Zuchthaus Brandenburg-Görden
Augsburg

RUSTER, Heinrich
Schriftsteller – Journalist
* 14. Oktober 1884 [Euskirchen-]Kuchenheim
† 23. Oktober 1942 KZ Sachsenhausen
Köln

SANDERS-PLATZ, Elvira
Modistin
* 15. September 1891 Köln
† 10. August 1942 KZ Auschwitz
Köln

SCHÄFER, Dr. Karl Heinrich
Reichsarchivrat
* 27. Juli 1871 Wetter b. Marburg
† 29. Januar 1945 KZ Sachsenhausen
Berlin

SCHAFFRATH, Josef
Kontrolleur
* 23. März 1898 Würselen
† 7. Oktober 1944 KZ-Außenlager Köln-Deutz
Aachen

SCHLUSCHE, Eduard
Buchhändler
* 12. Oktober 1894 Benisch (Kr. Freudenthal)
† April 1945 KZ Hamburg-Neuengamme
Sudetenland

SCHMITTMANN, Dr. Benedikt
Universitätsprofessor
* 4. August 1872 Düsseldorf
† 13. September 1939 KZ Sachsenhausen
Köln

SCHNEIDER, Ernst
Kaufmann
* 22. April 1914 Heppenheim (Bergstraße)
† 26. Mai 1944 Berlin-Tegel
Mainz

SCHÖN, Ludwig
Oberwerkmeister
* 19. Mai 1883 Lechbruck (Kr. Füssen)
† 28. April 1945 Burghausen (Lkr. Altötting)
Passau

SEIBERT, Rudolf
Bezirkssportwart der Deutschen Jugendkraft
* 3. April 1898 Nieder-Olm (Rheinhessen)
† 23. November 1933 Krankenhaus Bad Nauheim
Mainz

SEIDEL, Martin
Verwaltungsoberinspektor
* 24. Oktober 1898 Altötting
† 28. April 1945 ebd.
Passau

SPECKHAHN, Anna Maria
Hausfrau und Mutter
* 13. Dezember 1883 [Dornburg-]Langendernbach (Westerwald)
† 4. Februar 1944 KZ Ravensbrück
Trier

SPERR, Dr. Franz
Bayerischer Gesandter a.D.
* 12. Februar 1878 Karlstadt/Main (Unterfranken)
† 23. Januar 1945 Gefängnis Berlin-Plötzensee
München und Freising

STATZ, Leo
Fabrikdirektor
* 17. Juli 1898 Köln
† 1. November 1943 Zuchthaus Brandenburg-Görden
Köln

STEGMAIR, Josef
Schlosser
* 10. März 1886 Pöttmes (Kr. Aichach)
† 28. April 1945 Burghausen (Lkr. Altötting)
Passau

STEIN, Rosa
Klosterpförtnerin
* 13. Dezember 1883 Lublinitz (Oberschlesien)
† 9. August 1942 KZ Auschwitz
Köln

STORFINGER, Max
Elektromonteur
* 20. Januar 1904 Emmerting (Lkr. Altötting)
† 1. Mai 1945 Altötting
Passau

TERWIEL, Maria
Juristin
* 7. Juni 1910 Boppard/Rhein
† 5. August 1943 Gefängnis Berlin-Plötzensee
Berlin

TIMMER, Hubert
Kaufmann
* 4. Juni 1889 Neuss/Rhein
† 22. April 1944 Gestapogefängnis Frankfurt-Preungesheim
Mainz

TIPPELT, Josef
Lehrer a.D.
* 30. August 1898 Marschendorf (Sudetenland)
† 4. März 1943 Gefängnis Berlin-Plötzensee
Sudetenland

TROUET, Leo/Léon
Rechtsanwalt
* 6. April 1887 Malmedy
† 2./3. November 1944 Gefängnis Klingelpütz Köln
Köln

VERWEYEN, Dr. Johannes Maria
Universitätsprofessor
* 11. Mai 1883 [Bedburg-Hau]Till b. Kleve
† 21. März 1945 KZ Bergen-Belsen
Münster

VIRNICH, Franz Gabriel
Gutsbesitzer
* 28. März 1882 Bonn
† 5. April 1943 Zuchthaus Brandenburg-Görden
Köln

WEHNERT, Adam
Verlagsbuchhändler
* 24. Mai 1890 Au i. d. Hallertau (Niederbayern)
† 28. April 1945 Altötting
Passau

WIPPLINGER, Franz
Priesteramtskandidat des Erzbistums München und Freising
* 10. Januar 1915 München
† 31. August 1944 Berlin-Spandau
München und Freising

WIRMER, Joseph
Rechtsanwalt
* 19. März 1901 Paderborn
† 8. September 1944 Gefängnis Berlin-Plötzensee
Berlin

WÖLFEL, Johann
Rechtsanwalt
* 30. März 1902 Bad Hall (Östr.)
† 3. Juli 1944 Zuchthaus Brandenburg-Görden
Bamberg

ZIRKL, Josef
Lagerarbeiter
* 11. Februar 1875 [Saal-]Oberteuerting (Niederbayern)
† 24. April 1945 Regensburg
Regensburg

ZOTT, Josef
Städtischer Bauaufseher
* 16. Mai 1901 München
† 16. Januar 1945 Gefängnis Berlin-Brandenburg
München und Freising

ZURAWSKI, Alfons
Leutnant
* 17. Dezember 1914 Kainen (Kr. Allenstein)
† 6. Oktober 1942 Zuchthaus Brandenburg-Görden
Ermland

B. BLUTZEUGEN AUS DER ZEIT DES KOMMUNISMUS (AB 1917)

I. Geistliche aus Deutschland

NEIPPERG, Adalbert (Karl)
Graf von, Alt-Abt
Benediktiner
* 31. März 1890 Meran (Südtirol)
10. August 1920 PW
† 23. Dezember 1948 Werschetz (Serbien)

PROFITTLICH, Dr. Dr. Eduard, Erzbischof
Oberhirte von Tallinn (Estland) – Jesuit
* 11. September 1890 Birresdorf b. Ahrweiler/Ahr
27. August 1922 PW – 27. Dezember 1936 BW
† 22. Februar 1942 Kirov (UdSSR)

II. Russlanddeutsche Bischöfe, Diözesan- und Ordenspriester

ASCHEBERG, Paul, Pfr.
Priester der Diözese Tiraspol-Saratow
* 1895 b. Odessa
1918 o. 1919 PW
† 29. April 1932 Solowez-GULag

BACH, Johann, Pfr.
Priester der Diözese Tiraspol-Saratow
* 1884 Dudnikowo (Jekaterinoslaw)
1910 PW
† nach 1938 Verbannung UdSSR

BAHL, Johannes, Pfr.
Priester der Diözese Tiraspol-Saratow
* 1902 Wolgagebiet
† nach 1937 KZ UdSSR

BAIER, Georg, Pfr.
Priester der Diözese Tiraspol-Saratow
* 1870 Wolgagebiet
† nach 1931 Verbannung UdSSR

BAUMTROG, Augustin, Pfr.
Apost. Administrator für das Wolgagebiet
* 1883 Wolgagebiet
1909 PW
† März 1937 Solowez-GULag

BAUMTROG, Joseph, Pfr.
Priester der Diözese Tiraspol-Saratow
* 1873 Wolgagebiet
1897 PW
† 1921 Semjenowka

BEILMANN, Johannes, Pfr.
Priester der Diözese Tiraspol-Saratow
* 1878 Vollmer (Wolgagebiet)
1897 PW
† 25. Januar 1940 KZ Belbaltlag

BEILMANN, Josef, Pfr.
Priester der Diözese Tiraspol-Saratow
* 1873 Vollmer (Wolgagebiet)
1896 PW
† nach 1935 KZ Medweschja Gora

BELLENDIR, Adam, Pfr.
Priester der Diözese Tiraspol-Saratow
* 1889 Köhler (Wolgagebiet)
1913 PW
† 3. November 1937 Solowez-GULag

BERATZ, Gottlieb, Pfr.
Priester der Diözese Tiraspol-Saratow
* 1871 Göbel (Wolgagebiet)
25. August 1894 PW
† 1921 Herzog (Wolgagebiet)

DESCH, Adam, Pfr.
Priester der Diözese Tiraspol-Saratow
* 1881 Pfeiffer (Wolgagebiet)
28. April 1904 PW
† 7. Oktober 1937 Verbannung Astrachan (Kaspisches Meer)

DEUBNER, Johann, Pfr.
Priester der Diözese Tiraspol-Saratow
* 1873 St. Petersburg
1903 PW
† 12. November 1936 Verbannung Weschjegonsk

DORNHOF, Alexander, Pfr.
Priester der Diözese Tiraspol-Saratow
* 1891 Zug (Wolgagebiet)
1917 PW
† 1. November 1937 Solowez-GULag

DUCKARDT, Jakob, Pfr.
Priester der Diözese Tiraspol-Saratow
* 1894 Landau (Odessa)
1916 PW
† 20. August 1920 Bug (Odessa)

EBERLE, Leonhard, Pfr.
Priester der Diözese Tiraspol-Saratow
* 28. Oktober 1870 Rastatt (Odessa)
1896 PW
† 1931 Verbannung Archangelsk

EISENKREIN, Peter, Pfr.
Priester der Diözese Tiraspol-Saratow
* 1885 Blumenfeld (Krim)
1908 PW
† 8. Dezember 1937 Solowez-GULag

ERCK, Ludwig, Pfr.
Priester der Diözese Tiraspol-Saratow
* 12. März 1896 Mannheim (Odessa)
Mai 1924 PW
† 8. Dezember1937 Solowez-GULag

FALKENSTEIN, Johann, Pfr.
Priester der Diözese Tiraspol-Saratow
* 1886 Wolgagebiet
1912 PW
† nach 1931 Gefängnis Nowosibirsk

FIX, Martin, Pfr.
Priester der Diözese Tiraspol-Saratow
* 1883 Sulz (Odessa)
2. August 1909 PW
† 8. Dezember 1937 Solowez- GULag

FRISON, Dr. Dr. Alexander, Bischof
Apost. Administrator von Odessa
* 5. Mai 1875 Baden (Odessa)
22. November 1902 PW – 10. Mai 1926 BW
† 20. Juni 1937 Gefängnis Moskau

FURCH, Johann, Pfr.
Priester der Diözese Tirsapol-Saratow
* 1890 Krasnoje (Bessarabien)
1921 PW
† 19. Februar 1930 KZ Belbaltlag

GAREIS, Adam, Pfr.
Priester der Diözese Tiraspol-Saratow
* 1887 Köhler (Wolgagebiet)
1911 PW
† nach 1935 KZ Belbaltlag

GLASER, Dr. Dr. Markus, Bischof
Oberhirte von Jassy (Rumänien)
* 25. April 1880 Landau (Odessa)
24. Juni 1905 PW – 1943 BW
† 25. Mai 1950 Jassy (Rumänien)

GLASSNER, Robert, Pfr.
Priester der Diözese Tiraspol-Saratow
* 1885 Heidelberg (Krim)
1908 PW
† nach 1931 Gefängnis Jaroslawl

GRAF, Josef, Pfr.
Priester der Diözese Tiraspol-Saratow
* Vollmer (Wolgagebiet)
25. August 1882 PW
† nach 1930 KZ UdSSR

HATZENBÖLLER, Michael, Dekan
Priester der Diözese Tiraspol-Saratow
* 26. September 1878 Neu-Baden (Odessa)
25. April 1904 PW
† nach 1937 Gefängnis UdSSR

HEUT, Peter, Pfr.
Priester der Diözese Tiraspol-Saratow
* 1894 Seewald (Wolgagebiet)
1917 PW
† nach 1941 KZ UdSSR

HOFFMANN, Anton, Pfr.
Priester der Diözese Tiraspol-Saratow
* 1897 Leitershausen (Prischib)
1923 PW
† nach 1938 Verbannung Karaganda

HOFFMANN, Johannes, Pfr.
Priester der Diözese Tiraspol-Saratow
* 1868 Karlsruhe (Odessa)
19. September 1893 PW
† 1919 Krim

JAUFMANN, Philipp, Pfr.
Priester der Diözese Tiraspol-Saratow
* 1877
26. Dezember 1901 PW
† nach 1937 KZ Karaganda

KAISER, Jakob, Pfr.
Priester der Diözese Tiraspol-Saratow
* 1885 Wolgagebiet
1916 PW
† 1921 Marienberg (Wolgagebiet)

KAPPES, Aloisius, Pfr.
Priester der Diözese Tiraspol-Saratow
* 1885 Mariental (Wolgagebiet)
1909 PW
† 1. November 1937 Solowez-GULag

KÖLSCH, Joseph, Pfr.
Priester der Diözese Tiraspol-Saratow
* 1888
1910 PW
† nach 1941 KZ b. Karaganda

KOPP, Theobald, Pfr.
Priester der Diözese Tiraspol-Saratow
* 1892 Krasna (Bessarabien)
1916 PW
† nach 1946 Gefängnis Archangelsk

KRAFT, Nikolaus, Pfr.
Priester der Diözese Tiraspol-Saratow
* 1875 Kleinliebental (Odessa)
5. Mai 1899 PW
† 1921 Mariental (Wolgagebiet)

KRUMMEL, Josef, Pfr.
Priester der Diözese Tiraspol-Saratow
* 1873 Berditschew
1899 PW
† 1937 KZ Yoschkar-Ola

KRUSCHINSKY, Joseph, Prälat
Priester der Diözese Tiraspol-Saratow
5. Februar 1889 PW
† nach dem 31. Juli 1940 Verbannung Talgar

LANG, Johannes, Pfr.
Priester der Diözese Tiraspol-Saratow
* 1882 Simferopol (Krim)
24. Mai 1904 PW
† nach 1929 Verbannung UdSSR

LORAN, Raphael, Dekan
Priester der Diözese Tiraspol-Saratow
* 1872 Karlsruhe (Odessa)
21. Januar 1898 PW
† 1948 Verbannung Talgar

NEUGUM, Josef, Dekan
Priester der Diözese Tiraspol-Saratow
* 1875 Schönfeld (Cherson)
8. September 1897 PW
† 1955 o. 1956 Verbannung Talgar

NOLD, Johannes, Pfr.
Priester der Diözese Tiraspol-Saratow
* 1899 Blumenfeld (Odessa)
† 23.12.1937 Verbannung Sibirien

NOLD, Joseph, Pfr.
Priester der Diözese Tiraspol-Saratow
* 1861 Blumenfeld (Krim)
10. Mai 1887 PW
† nach 1935 Verbannung Sibirien

OCKS, Alois, Pfr.
Priester der Diözese Tiraspol-Saratow
* 1871 Mariental (Wolgagebiet)
26. Juni 1894 PW
† 1937 Gefängnis Nowosibirsk

OLISBERG, Paul, Pfr.
Priester der Diözese Tiraspol-Saratow
* 1895 Odessa
1917 PW
† nach 1932 Solowez-GULag

PAUL, Josef, Pfr.
Priester der Diözese Tiraspol-Saratow
* 1889 Rohleder (Wolgagebiet)
1913 PW
† 1. November 1937 Solowez-GULag

PFLUG, Ferdinand, Pfr.
Priester der Diözese Tiraspol-Saratow
* um 1885 Kotschube (Odessa)
1917 PW
† nach 1937 KZ Nagajew-Bucht

PHILIPP, Adolf, Pfr.
Priester der Diözese Tiraspol-Saratow
* 5. Januar 1885 Zabolotje
1909 PW
† 1938 Solowez-GULag

RAU, Franz, Pfr.
Priester der Diözese Tiraspol-Saratow
* 1888 Rothammel (Wolgagebiet)
1911 PW
† 1. November 1937 Solowez-GULag

REICHERT, Ziriak, Pfr.
Priester der Diözese Tiraspol-Saratow
* 28. Oktober 1870 Rastatt (Odessa)
19. September 1893 PW
† 8. Oktober 1938 Gefängnis Karaganda

RIEDEL, Peter, Pfr.
Priester der Diözese Tiraspol-Saratow
* 1880 Herzog (Wolgagebiet)
1903 PW
† 3. November 1937 Solowez-GULag

ROLLHÄUSER, Peter, Pfr.
Priester der Diözese Tiraspol-Saratow
* 1889 Vollmer (Wolgagebiet)
1913 PW
† nach 1934 Verbannung UdSSR

ROTH, Johannes, Pfr.
Apost. Administrator für den Kaukasus
* 1881 Vollmer (Wolgagebiet)
26. April 1904 PW
† 17. Januar 1938 Gefängnis Tiflis

SAUER, Georg, Pfr.
Priester der Diözese Tiraspol-Saratow
* 1864 Solothurn (Krim)
10. Mai 1887 PW
† 1921 Rohleder (Wolgagebiet)

SCHEINER, Joseph, Pfr.
Priester der Diözese Tiraspol-Saratow
* 1873 b. Odessa
1896 PW
† 1922 Odessa

SCHNEIDER, Johannes, Pfr.
Priester der Diözese Tiraspol-Saratow
* 1879 Straßburg (Odessa)
23. Dezember 1901 PW
† März 1944 ebd.

SCHÖNBERGER, Andreas, Pfr.
Priester der Diözese Tiraspol-Saratow
* 1885 Seelmann (Wolgagebiet)
1907 PW
† 3. November 1937 Solowez-GULag

SCHÖNHEITER, Klemens, Pfr.
Priester der Diözese Tiraspol-Saratow
* 1873 Seelmann (Wolgagebiet)
1897 PW
† 3. November 1937 Solowez-GULag

SCHUBERT, Paul, Pfr.
Priester der Diözese Tiraspol-Saratow
* 1873 Jekaterinowka b. Jamburg
8. September 1897 PW
† 20. September 1937 KZ Medweschja Gora

SCHUCKEL, Ignatius, Pfr.
Priester der Diözese Tiraspol-Saratow
* 1877
1903 PW
† 1935 Solowez-GULag

SIMON, Emanuel, Pfr.
Priester der Diözese Tiraspol-Saratow
* 1872 Mariental (Wolgagebiet)
1896 PW
† nach 1927 Solowez-GULag

STILL, Michael, Pfr.
Priester der Diözese Tiraspol-Saratow
* 1893 Probudzdenije (Mariupol)
1925 PW
† Sommer 1938 KZ UdSSR

THAUBERGER, Johannes, Pfarr-administrator
Priester der Diözese Tiraspol-Saratow
* 1890 Klosterdorf (Odessa)
1915 PW
† nach 1938 Verbannung Karaganda

WAGNER, Adam, Pfr.
Priester der Diözese Tiraspol-Saratow
* 1894 Nowaja Krasnowka (Ukraine)
1919 PW
† 25. Dezember 1937 Gefängnis Nowosibirsk

WALLIESER, Michael, Pfr.
Priester der Diözese Tiraspol-Saratow
* 1892 Speyer (Odessa)
1916 PW
† nach 1935 Gefängnis UdSSR

WARTH, Jakob, Pfr,.
Priester der Diözese Tiraspol-Saratow
* 4. November 1894 Heidelberg (Krim)
1924 PW
† 18. September 1970 Verbannung Georgiewka (Südkasachstan)

WEIGEL, Peter, Pfr.
Priester der Diözese Tiraspol-Saratow
* 1892 Herzog (Wolgagebiet)
1916 PW
† 3. November 1937 Solowez-GULag

WEINMAYER, Leo, Pfr.
Priester der Diözese Tiraspol-Saratow
* 1884 Neukolonie (Wolgagebiet)
† nach 1931 Gefängnis Pokrowsk

WEISSENBURGER, Klemens, Vikar
Priester der Diözese Tiraspol-Saratow
* 23. November 1892 Selz (Odessa)
1917 PW
† 4. August 1919 ebd.

WOLF, Jakob, Pfr.
Priester der Diözese Tiraspol-Saratow
* 1891 Neu-Liebental (Bessarabien)
1914 PW
† nach 1940 Verbannung UdSSR

WOLF, Josef, Pfr.
Priester der Diözese Tiraspol-Saratow
* 24. Mai 1882 Neu-Liebental (Bessarabien)
26. Mai 1905 PW
† nach 1935 KZ UdSSR

WOLF, Lorenz, Pfr.
Priester der Diözese Tiraspol-Saratow
* 10. Dezember 1871 Kleinliebental (Odessa)
8. September 1898 PW
† nach 1935 KZ UdSSR

WOLF, Michael, Pfr.
Priester der Diözese Tiraspol-Saratow
* 1890 Neu-Liebental (Bessarabien)
1918 PW
† 3. November 1937 Solowez-GULag

ZIMMERMANN, Johann, Pfr.
Priester der Diözese Tiraspol-Saratow
* 1885 Wolgagebiet
1908 PW
† nach 1931 KZ UdSSR

III. Donauschwaben

1. Bischöfe, Diözesan- und Ordenspriester

a) Östliches Banat

KRÄUTER, Johann, Erzdechant
Priester des Bistums Tschanad
* 10. April 1884 Grabatz
23. Februar 1907 PW
† 25. März 1953 Gefängnis Aiud

PACHA, Augustin, Bischof
Oberhirte des Bistums Temeswar
* 26. November 1870 Moritzfeld
12. August 1893 PW – 1927 BW
† 4. November 1954 Temeswar

SCHEFFLER, Dr. Johann, Bischof
Oberhirte von Sathmar
* 29. Oktober 1887 Kalmandi
1910 PW – 17. Mai 1942 BW
† 6. Dezember 1952 Gefängnis Jilava

WEINSCHROTT, P. Paulus (Antoniu)
Salvatorianer
* 17. Januar 1919 Bakowa b. Temeswar
2. Juni 1946 PW
† 3. Juni 1960 Gefängnis Gherla

b) Banat

ADAM, Anton, Pfr.
Priester der Apost. Administratur Groß-Betschkerek
* 1. Mai 1908 Chicago (USA)
25. März 1931 PW
† 5. November 1944 Groß-Kikinda

BRUNET, Franz, Pfr.
Priester der Apost. Administratur Groß-Betschkerek
* 1. Dezember 1898 Modosch
25. Juni 1922 PW
† 3.(5.) Oktober 1944 Deutsch-Zerne

KNAPP, Josef, Pfr.
Priester der Apost. Administratur Groß-Betschkerek
* 13. Januar 1912 Kathreinfeld
12. Januar 1936 PW
† 30. Oktober 1944 Glogon

ROTHEN, Michael, Kpl.
Priester der Apost. Administratur Groß-Betschkerek
* 2. Februar 1895 Groß-Betschkerek
† 8. Oktober 1944 Groß-Kikinda

SCHÄFER, Wilhelm, Pfr.
Priester der Apost. Administratur Groß-Betschkerek
* 8. Juni 1884 Groß-Kikinda
29. Juni 1909 PW
† 14. Dezember 1944 Tchesterek

SCHMIDT, Josef, Pfr.
Priester der Apost. Administratur Groß-Betschkerek
* 28. September 1876 Weißkirchen
24. März 1899 PW
† 28. September 1949 Groß-Betschkerek

STEIGERWALD, Adam, Pfr.
Priester des Bistums Tschanad
* 18. Dezember 1876 Heufeld
27. Juni 1900 PW
† 2. November 1944 ebd.

VARGA, Andreas, Pfr.
Priester der Apost. Administratur Groß-Betschkerek
* 10. Februar 1913 Setschan
29. Juni 1936 PW
† November 1944 Toba

WEBER, Peter, Dechant
Priester der Apost. Administratur Groß-Betschkerek
* 20. April 1884 Groß-Kikinda
29. Juni 1907 PW
† 8. November 1944 Weißkirchen

c) Batschka

BERGER, Anton, Pfr.
Priester des Bistums Kalocsa
* 13. Januar 1884 Kunbaja
26. Juni 1909 PW
† November 1944 Subotica

DUPP, Valentin, Pfr.
Priester des Bistums Kalocsa
* 11. Februar 1883 Bukin
29. Juni 1906 PW
† 1944 Tschurug

HAUG, Anton, Pfr.
Priester des Bistums Kalocsa
* 12. Mai 1890 Srbobran
22. Juni 1913 PW
† 15. Juli 1945 Lager Svilara (Syrmisch Mitrowitz)

MÜLLER, Peter, Pfr.
Priester des Bistums Kalocsa
* 26. September 1884 Szakadát
24. Juni 1908 PW
† 18. Oktober 1951 Filipowa

MÜLLER-MAJOROSCH, Stefan, Pfr.
Diözesanpriester
† Ende 1944 b. Palanka (Batschka-Palanka)

NOVOTNY, Josef, Pfr.
Priester des Bistums Kalosca
* 30. April 1909 Vareš (Bosnien)
1. Juli 1934 PW
† Herbst 1944 Batsch

PLANK, Franz, Pfr.
Priester des Bistums Kalosca
* 28.(15.) Oktober 1885 Tolnau (Ungarn)
24. Juni 1919 PW
† 1944 Siwatz bzw. Sombor

SCHERER, Lorenz, Pfarrvikar
Priester des Bistums Kalosca
* 26. Dezember 1912 Kula
29. Juni 1936 PW
† 26. Februar 1947 Lager Karbonit (Ukraine)

UNTERREINER, Karl, Msgr., Geistl. Religionslehrer
Priester des Bistums Kalocsa
* 25. März 1897 Filipowa
12. Juni 1921 PW
† 27. Oktober 1944 Batsch-Palanka

WEINERT, Peter, Dechant
Priester des Bistums Kalocsa
* 19. März 1874 Tschonopel
24. Juni 1897 PW
† 29. Juni 1945 Zivillager Neusatz

WERNER, Michael, Pfr.
Priester des Bistums Kalocsa
* 20. Mai 1883 Batsch-Sentiwan
30. Juni 1906 PW
† 21. Oktober 1944 Tschurug

d) Baranya – Syrmien – Slawonien – Kroatien

BÜRGER, Julius, Dechant
Priester des Bistums Djakovo
* 30. Oktober 1885 Kula
28. März 1909 PW
† 10. Dezember 1944 Podravska Slatina

GASSMANN, P. Ferdinand (Wendelin)
Franziskaner
* 14. Juli 1914 Batsch-Sentiwan
7. August 1938 PW
† 28. November 1946 Bjelovar

KLEIN, Theodor, Dechant, Ehrendomherr
Priester des Bistums Fünfkirchen
* 2. September 1872 Babara (Ungarn)
8. Februar 1895 PW
† 30. März 1945 Manoster/Beli Manastir (Baranya)

LAKAJNAR, Johann Nepomuk, Pfr., Apost. Protonotar
Priester des Bistums Djakovo
* 28. März 1873 Essegg
2. Juli 1896 PW
† 18. November 1944 Ruma

e) Bosnien

BÖCKMANN, Josef, Pfr.
Priester des Bistums Banja Luka
* 14. Februar 1910 Bosanski Aleksandrovac
28. März 1936 PW
† 1945 Prijedor

SCHAFFHAUSER, P. Franz
Franziskaner
* 1919
† 24. Februar 1945 Sarajewo

SCHMIDT, Josef, Geistl. Religionslehrer
Priester des Bistums Kalosca
* 22. Februar 1913 Batsch-Monoschtor
19. Juni 1936 PW
† 25. Oktober 1944 Insel Dakska b. Dubrovnik

WEISS, Anton, Militärkaplan
Priester des Bistums Sarajewo
* 6. Juli 1913 Sarajewo
19. November 1938 PW
† 1943

WEISS, Richard, Kpl.
Diözesanpriester
* 7. August 1916 Doboj
† 24. März 1944 Modritscha

2. Martyrerin aus dem Laienstand

WURTZKY, Elisabeth
Hausfrau und Mutter
* 31. Mai 1885 Filipowa (Batschka)
† 5. Januar 1946 Lager Gakowa (Batschka)

C. REINHEITSMARTYRIEN (20. JAHRHUNDERT)

I. SCHUTZLOSE WEIBLICHE JUGENDLICHE – IM GESAMTEN 20. JAHRHUNDERT

BAUMANN, Cäcilia
Schülerin
* 24. August 1892 Oberentersbach (Ortenaukreis)
† 25. Mai 1905 Zell am Harmersbach (Ortenaukreis)
Freiburg i.Br.

GRIMM, Maria
Schülerin
* 17. April 1909 [Donzdorf-]Winzingen (Kr. Göppingen)
† 3. Juli 1922 ebd.
Rottenburg-Stuttgart

KRAMER, Maria-Regina
Schülerin
* 1. August 1928 Berlin-Dahlem
† 2. September 1945 b. Krumbach (Östr.)
Berlin

BODENSTEINER, Margareta
Bauerstochter
* 7. August 1921 Kleßberg b.Vohenstrauß (Oberpfalz)
† 28. März 1946 b. Kleßberg (Oberpfalz)
Regensburg

WENDEHALS, Klara
Haushaltshilfe
* 23.1.1936 [Warburg-]Daseburg (Westfalen)
† 12.3.1952 Warburg (Westfalen)
Paderborn

IRRGANG, Brigitta
Schülerin
* 10. Februar 1943 Krickerhau (Slowakei)
† 29. September 1954 Loitz (Pommern)
Berlin

ELSBERGER, Adelheid
Fabrikarbeiterin
* 1948 [Landau a. d. Isar-] Zulling
† 14. November 1969 b. [Landau a. d. Isar-] Zulling
Regensburg

II. Schutzlose Ordensschwestern und Frauen – gegen Ende des Zweiten Weltkriegs

1. Schwestern der Kongregation von der hl. Elisabeth in Neisse (Oberschlesien)

a) Schwestern, die nach dem Bericht von Augenzeugen in Neisse und Umgebung das Martyrium erlitten haben

WITTKOWSKA, Sr. M. Theodora (Marianna)
Graue Schwester
* 23. März 1889 Koschmin (Kr. Berent)
6. Mai 1920 Ew. Profeß
† 28. Januar 1945 Christburg (Kr. Stuhm)

FRANK, Sr. M. Gottlieba (Monica)
Graue Schwester
* 1. Mai 1875 Osterwitz (Kr. Leobschütz)
2. Juli 1906 Ew. Profeß
† 4. Februar 1945 Wallendorf (Kr. Namslau)

RICHTER, Sr. M. Acharia (Anna)
Graue Schwester
* 19. März 1873 Leisnitz (Kr. Leobschütz)
2. Juli 1906 Ew. Profeß
† 5. Februar 1945 Groß-Kreidel (Kr. Wohlau)

KALISKA, Sr. M. Ethelfreda (Maria)
Graue Schwester
* 7. Oktober 1875 Punken (Kr. Meseritz)
2. Juli 1906 Ew. Profeß
† Mitte Februar 1945 b. Kunzendorf (Kr. Kreuzburg)

KUBITZKI, Sr. M. Edelburgis (Julie)
Graue Schwester
* 9. Februar 1905 Königlich Dombrowka (Kr. Oppeln)
29. Juni 1936 Ew. Profeß
† 20. Februar 1945 Sorau

SCHILLING, Sr. M. Rosaria (Elfriede)
Graue Schwester
* 5. Mai 1908 Breslau
29. Juli 1935 Ew. Profeß
† 23. Februar 1945 Naumburg/Queis (Kr. Bunzlau)

OTTO, Sr. M. Gervasia (Maria)
Graue Schwester
* 10. September 1899 Drausnitz (Kr. Tuchel)
30. Juni 1930 Ew. Profeß
† 25. Februar 1945 b. Oltaschin (Kr. Breslau)

SCHRAMM, Sr. M. Adela (Clara)
Graue Schwester
* 3. Juni 1885 Wiesau (Kr. Glatz)
29. Juni 1924 Ew. Profeß
† 25. Februar 1945 Günthersdorf (Kr. Bunzlau)

TILL, Sr. M. Dorothea (Bertha)
Graue Schwester
* 6. Oktober 1885 Freimarkt (Kr. Heilsberg)
10. Mai 1919 Ew. Profeß
† 25. Februar 1945 Oberkunzendorf (Kr. Kreuzburg)

THIENEL, Sr. M. Sabina (Anna)
Graue Schwester
* 24. September 1909 Riegersdorf (Kr. Neustadt)
31. Juli 1940 Ew. Profeß
† 1. März 1945 Lauban (Kr. Liegnitz)

RIEDEL, Sr. M. Julie (Theresia)
Graue Schwester
* 1. Januar 1877 Schmeisdorf (Kr. Leobschütz)
10. Juli 1912 Ew. Profeß
† 20. März 1945 Neisse

TEICHER, Sr. M. Dominata (Maria)
Graue Schwester
* 18. Januar 1875 Lindewiese (Kr. Neisse)
26. Juli 1916 Ew. Profeß
† 24. März 1945 Neisse-Oberneuland

TÖPFER, Sr. M. Adelheidis (Hedwig)
Graue Schwester
* 26. August 1877 Neisse
28. Juli 1919 Ew. Profeß
† 24. März 1945 ebd.

HEYMANN, Sr. M. Sapientia (Lucia)
Graue Schwester
* 19. April 1875 Liebsdorf (Kr. Deutsch-Krone)
2. Juli 1906 Ew. Profeß
† 24. März 1945 Neisse

RYBKA, Sr. M. Melusia (Martha)
Graue Schwester
* 11. Juli 1905 Pawlau (Kr. Ratibor)
31. Juli 1934 Ew. Profeß
† 24. März 1945 Neisse

ELLMERER, Sr. M. Felicitas (Anna)
Graue Schwester
* 12. Mai 1899 Gräfing b. München
5. Juli 1923 Ew. Profeß
† 25. März 1945 Neisse

EWERT, Sr. M. Sylvestra (Maria)
Graue Schwester
* 12. April 1882 Krumfließ (Kr. Deutsch-Krone)
30. Juni 1915 Ew. Profeß
† 25. März 1945 Neisse

SEIDEL, Sr. M. Lybia (Maria)
Graue Schwester
* 9. August 1861 Kreuzendorf (Kr. Leobschütz)
9. August 1897 Ew. Profeß
† 6. April 1945 Neisse

FUGE, Sr. M. Cantiana (Magdalena)
Graue Schwester
* 21. Juli 1852 Mönsdorf (Kr. Rößel)
22. Oktober 1894 Ew. Profeß
† 21. April 1945 Neisse

HERBERG, Sr. M. Honorina (Josepha)
Graue Schwester
* 18. Dezember 1862 Langendorf (Kr. Neisse)
24. August 1904 Ew. Profeß
† 22. April 1945 Neisse

JAHN, Sr. M. Paschalis (Magdalena)
Graue Schwester
* 9. April 1916 Neisse-Oberneuland
† 11. Mai 1945 Zöptau (Kr. Mährisch-Schönberg)

FRITSCHE, Sr. M. Theodora (Helene)
Graue Schwester
* 17. Februar 1874 Lamsdorf (Kr. Falkenberg)
2. Juli 1906 Ew. Profeß
† 25. Mai 1945 b. Konradsdorf (Kr. Neisse)

THAMM, Sr. M. Longina (Bertha)
Graue Schwester
* 13. September 1884 Klettendorf (Kr. Schweidnitz)
4. August 1921 Ew. Profeß
† 25. Mai 1945 b. Konradsdorf (Kr. Neisse)

MARACH, Sr. M. Pudentiana (Constantia)
Graue Schwester
* 18. Februar 1882 Groß-Lutau (Kr. Flatow)
16. August 1915 Ew. Profeß
† 22. Oktober 1945 Kroischwitz (Kr. Schweidnitz)

b) Schwestern, die den Tod nach der Vertreibung aus Neisse infolge der Schikanen, Mißhandlungen, Belästigungen, Vergewaltigungen und Qualen durch die russischen Soldaten erlitten haben

ADAMETZ, Sr. M. Corbiniana (Antonie)
Graue Schwester
* 10. Mai 1859 Oberglogau (Kr. Neustadt)
16. August 1899 Ew. Profeß
† 3. April 1945 Neisse

KRZIPOPA, Sr. M. Demetria (Johanna)
Graue Schwester
* 27. Dezember 1872 Lonschnik (Kr. Neustadt)
30. Juni 1933 Ew. Profeß
† 4. April 1945 Neisse

KOSUBEK, Sr. M. Simeona (Emilie)
Graue Schwester
* 12. September 1866 Mühlsdorf (Kr. Neustadt)
29. Juni 1905 Ew. Profeß
† 6. April 1945 Neisse

SEWINA, Sr. M. Mildgitha (Franziska)
Graue Schwester
* 8. März 1873 Proschau (Kr. Namslau)
Ew. Profeß 26. Juni 1911
† 6. April 1945 Neisse

LANGER, Sr. M. Dominata (Pauline)
Graue Schwester
* 13. Juni 1868 Langenbrück (Kr. Neustadt)
7. Oktober 1903 Ew. Profeß
† 7. April 1945 Neisse

ORLOB, Sr. M. Eleonora (Anna)
Graue Schwester
* 4. September 1878 Schwedt (Kr. Angermünde)
26. Juli 1916 Ew. Profeß
† 8. April 1945 Neisse

MINISCH, Sr. M. Lukretia (Johanna)
Graue Schwester
* 23. Dezember 1874 Ottmuth (Kr. Groß Strehlitz)
23. August 1914 Ew. Profeß
† 9. April 1945 Neisse

GUNDLACH, Sr. M. Adolpha (Emma)
Graue Schwester
* 5. April 1865 Hohenstein (Kr. Oberbarnim)
30. Mai 1900 Ew. Profeß
† 10. April 1945 Neisse

NATSCH, Sr. M. Tutilona (Martha)
Graue Schwester
* 30. Juni 1874 Katscher (Kr. Leobschütz)
29. Juni 1908 Ew. Profeß
† 16. April 1945 Neisse

WEISS, Sr. M. Remigia (Pauline)
Graue Schwester
* 22. Oktober 1857 Neisse
10. Oktober 1885 Ew. Profeß
† 17. April 1945 ebd.

GOLDBERG, Sr. M. Acutina (Helene)
Graue Schwester
* 6. Juli 1882 Dluzek (Kr. Hindenburg)
9. Oktober 1895 Ew. Profeß
† 2. Mai 1945 b. Klein-Kreidel (Kr. Wohlau)

VALENTIN, Sr. M. Illidia (Maria)
Graue Schwester
* 14. Juli 1870 Sorgau (Kr. Grottkau)
16. August 1899 Ew. Profeß
† 5. Juni 1945 Leobschütz

HOFFMANN, Sr. M. Nizäa (Bertha)
Graue Schwester
* 11. März 1855 Steinau/Oder
9. Oktober 1895 Ew. Profeß
† 14. Juni 1945 Raute (Kr. Falkenberg)

MITZINNEK, Sr. M. Theobalda (Bertha)
Graue Schwester
* 1. Juli 1908 Annafeld (Kr. Konitz)
29. Juni 1939 Ew. Profeß
† 19. Oktober 1945 Bunzlau

ALEX, Sr. M. Elsbetha (Helene)
Graue Schwester
* 27. April 1873 Greifswald
29. Juni 1908 Ew. Profeß
† 3. Dezember 1945 Jauer

2. Frauen aus verschiedenen Ostgebieten

a) Donauschwäbischer Raum

EICHINGER, Eva
Hausfrau und Mutter
* 14. Dezember 1906 Filipowa (Batschka)
† 7. November 1944 ebd.

b) Visitatur Breslau

BULLA, Maria
Haushaltsgehilfin
* 12. Oktober 1915 b. Bergstadt (Kr. Groß Strehlitz)
† 24. Januar 1945 Buchenhöh (Kr. Groß Strehlitz)

DOMINA, Hildegard
Pflegerin
* 28. März 1942 Bergstadt (Kr. Groß Strehlitz)
† 27. Januar 1945 ebd.

MEINUSCH, Hertha
Schülerin
* 18. Januar 1930 Bergstadt (Kr. Groß Strehlitz)
† 27. Januar 1945 ebd.

MEINUSCH, Maria
Hausfrau und Mutter
* 31. Januar 1889 Reichtal (Kr. Namslau)
† 27. Januar 1945 Bergstadt (Kr. Groß Strehlitz)

WARZECKA, Maria
† Januar 1945 Döbern (Kr. Oppeln)

THOMAS, Elisabeth
† 2. Februar 1945 Hennersdorf (Kr. Ohlau)

JUNGNITSCH, Martha
Hausangestellte
* 29. Oktober 1912 Neustadt
† 11. Februar 1945 Liegnitz

SYMPHOROSA, Sr.
Ordensfrau
† Februar 1945 Köchendorf (Kr. Brieg)

LANGER, Elisabeth
† 19. März 1945 Neustadt

RASEL, Elisabeth
* 18. März 1907 Cosel
† 18. März 1945 ebd.

SCHNEIDER, Hedwig
Wirtschafterin
* 30. November 1879
† 19. März 1945 Neustadt

FIDELIA, Sr.
Ordensfrau
† März 1945 Neuwalde (Kr. Neisse)

JUNGNITSCH, Elisabeth
Lehrerin
* 9. Februar 1914 Neustadt
† 19. April 1945 Greibnig (Kr. Liegnitz)

ROSSDEUTSCHER, Frl.
† Mai 1945 Breslau

c) Visitatur Danzig

HALBA, Irene
Volksschullehrerin
* 18. August 1905 Danzig-Weichselmünde
† 8. April 1945 Eggertshütte (Westpreußen)

III. Getötete Beschützer bzw. Beschützerinnen der bedrohten Frauen – gegen Ende des Zweiten Weltkriegs

1. Donauschwäbischer Raum

HUMMEL, Kornel, Geistl. Religionslehrer
Priester des Erzbistums Esztergom-Budapest
* 12. Juni 1907 Budapest
† 17. Januar 1945 ebd.

RUPPERT, Stefan, Geistl. Religionslehrer
Priester des Erzbistums Esztergom-Budapest
* 15. Mai 1914 Herczegfalva
† 18. Januar 1945 Budapest

2. Visitatur Breslau

LANGE, Karl, Erzpriester, G.R.
Priester des Erzbistums Breslau
* 21. Februar 1870 Oberschwedeldorf (Kr. Glatz)
25. Juni 1895 PW
† 24./25. Januar 1945 Groß Strehlitz

SCHEWIOR, Erich, Kpl.
Priester des Erzbistums Breslau
* 14. September 1907
29. Januar 1933 PW
† 29. Januar 1945 Gogolin (Kr. Groß Strehlitz)

NEUBER, Josef, Erzpriester
Priester des Erzbistums Breslau
* 22. Mai 1886 Ritterswalde (Kr. Neisse)
18. Juni 1914 PW
† 5. Februar 1945 b. Klosdorf (Kr. Ohlau)

GRELICH, Robert, Erzpriester
Priester des Erzbistums Breslau
* 22. Oktober 1884
17. Juni 1909 PW
† 9. Februar 1945 Kupp (Kr. Oppeln)

GÖRLICH, Leo, Pfr.
Priester des Erzbistums Breslau
* 15. Februar 1903 Ruda (Oberschlesien)
30. Januar 1927 PW
† 11. Februar 1945 Tempelfeld (Kr. Ohlau)

MOEPERT, Dr. Adolph, Pfr., G.R.
Priester des Erzbistums Breslau
* 10. Februar 1882 Camöse (Kr. Neumarkt)
22. Juni 1908 PW
† 17. Februar 1945 Kanth

ARNOLD, Christoph, Pfr., G.R.
(zusammen mit Margarethe ARNOLD)
Priester des Erzbistums Breslau
* 15. März 1892
13. Juni 1915 PW
† 21. Februar 1945 Günthersdorf (Kr. Bunzlau)

BRIER, Dr. Josef, Pfr.
Priester des Erzbistums Breslau
* 24. Oktober 1888
21. Juni 1913 PW
† Februar 1945

HABERNOLL, Max, Pfr.
Priester des Erzbistums Breslau
* 9. Februar 1878
23. Juni 1905 PW
† 2. März 1945 Naumburg/Queis (Kr. Bunzlau)

RUST, Otto, Erzpriester, G.R.
Priester des Erzbistums Breslau
* 24. April 1871 Lüben
22. März 1896 PW
† 2. März 1945 Naumburg/Queis (Kr. Bunzlau)

MICHALETZ, Georg, Pfr.
Priester des Erzbistums Breslau
* 12. August 1895 Hindenburg
23. April 1922 PW
† 25. März 1945 Wolfau (Kr. Glogau)

BÖHM, Emilie
Hausfrau und Mutter
† 20. September 1945 Grüssau-Niederdorf (Kr. Waldenburg)

3. Visitatur Ermland

LUDWIG, Franz, Pfr.
Priester des Bistums Ermland
* 29. April 1896 Wormditt (Kr. Braunsberg)
† 30. Januar 1945 Santoppen (Kr. Rößel)

4. Erzbistum Paderborn

KÖNIG, Robert, Vikar
Priester des Erzbistums Paderborn
* 21. Oktober 1910 [Finnentrop-]Serkenrode (Sauerland)
28. März 1936 PW
† 10. März 1945 Lauenburg (Pommern)

5. Visitatur Branitz

BALLESTREM, Sr. Marie Gabrielis (Monika)
Genossenschaft der Franziskanerinnen-Missionärinnen-Mariens
* 29. März 1905 Ober Gläsersdorf (Kr. Lüben)
19. März 1932 Ew. Profeß
† 1. April 1945 Katscher-Langenau (Kr. Leobschütz)

6. Bistum Dresden-Meißen

SCHUHMACHER, Mutter Augustina von Goppeln (Clara)
Kongregation der Nazarethschwestern vom hl. Franziskus
* 23. April 1887 Pfaffendorf b. Koblenz
† 8. Mai 1945 Goppeln b. Dresden

D. BLUTZEUGEN AUS DEN MISSIONSGEBIETEN (20. JAHRHUNDERT – IN CHRONOLOGISCHER REIHENFOLGE)

I. Hiltruper Missionare und Missionarinnen vom Heiligsten Herzen Jesu inkl. Trappistenbruder in Baining (heute Papua-Neuguinea) (1904)

RASCHER, P. Matthäus
Herz-Jesu-Missionar
* 12. September 1868 Sambach (Oberfranken)
15. Juli 1895 PW
† 13. August 1904 Baining (heute Papua-Neuguinea)

und neun Gefährten

BALKA, Sr. Angela (Wilhelmine)
Herz-Jesu-Missionarin
* 7. Oktober 1875 Zalesczyki (Galizien)
† 13. August 1904 Baining (heute Papua-Neuguinea)

BLEY, Br. Alois (Joseph)
Trappist
* 25. Januar 1865 Haltern (Kr. Recklinghausen)
† 13. August 1904 Baining (heute Papua-Neuguinea)

HOLLER, Sr. Agnes (Katharina)
Herz-Jesu-Missionarin
* 2. September 1881 Ruhmannsfelden (Bayern)
† 13. August 1904 Baining (heute Papua-Neuguinea)

PLASSCHAERT, Br. Eduard
Herz-Jesu-Missionar
* 17. Juli 1871 Overslag (NL)
† 13. August 1904 Baining (heute Papua-Neuguinea)

RATH, Sr. Agatha (Elisabeth)
Herz-Jesu-Missionarin
* 13. Mai 1877 Senden (Westfalen)
† 13. August 1904 Baining (heute Papua-Neuguinea)

RUTTEN, P. Heinrich
Herz-Jesu-Missionar
* 31. Januar 1873 Tilburg (NL)
5. August 1900 PW
† 13. August 1904 Baining (heute Papua-Neuguinea)

SCHELLEKENS, Br. Johannes
Herz-Jesu-Missionar
* 26. Februar 1873 Oisterwijk (NL)
† 13. August 1904 Baining (heute Papua-Neuguinea)

SCHMITT, Sr. Sophia (Anna)
Herz-Jesu-Missionarin
* 26. Oktober 1879 [Waldbrunn/Odenwald]Mülben
† 13. August 1904 Baining (heute Papua-Neuguinea)

UTSCH, Sr. Anna (Katharina)
Herz-Jesu-Missionarin
* 14. November 1878 Mudersbach/Sieg
† 13. August 1904 Baining (heute Papua-Neuguinea)

II. Missionar der Missionsgesellschaft der Oblaten der Makellosen Jungfrau Maria in Südwestafrika (1905)

JÄGER, P. Franz
Oblate der Makellosen Jungfrau Maria
* 20. März 1875 Kefferhausen (Eichsfeld)
15. August 1896 Ew. Profeß – 24. Mai 1900 PW
† 2. März 1905 Mokokuan (Südwestafrika, heute Namibia)

III. Missionsbenediktiner und St. Benediktus-Missionsschwestern von St. Ottilien während des Maji-Maji-Aufstands in Ostafrika (1905)

SPISS, Cassian (Franz Anton), Bischof
Apost. Vikar von Südsansibar (heute Dar es Salaam) – Missionsbenediktiner
* 12. Juni 1866 Gand b. Arlberg (Östr.)
24. April 1889 PW – 15. August 1892 Ew. Profeß – 16. November 1902 BW
† 14. August 1905 b. Mikukuyumbu (Tansania)

EBERT, Sr. M. Cordula (Regina)
St. Benediktus-Missionsschwester
* 10. Dezember 1878 Obereschenbach (Unterfranken)
8. September 1902 Ew. Profeß
† 14. August 1905 b. Mikukuyumbu (Tansania)

HILTNER, Sr. M. Felicitas (Elisabeth)
St. Benediktus-Missionsschwester
* 1. Oktober 1876 Bornholte (Westfalen)
22. Februar 1901 Ew. Profeß
† 14. August 1905 b. Mikukuyumbu (Tansania)

SCHOLZEN, Br. Andreas (Hubert Hilarius)
Missionsbenediktiner
* 27. Juni 1876 Schleiden (Eifel)
10. Februar 1903 Ew. Profeß
† 14. August 1905 b. Mikukuyumbu (Tansania)

SONNTAG, Br. Gabriel (Alois)
Missionsbenediktiner
* 26. Februar 1873 Legau b. Witzenhausen (Schwaben)
22. Mai 1899 Ew. Profeß
† 14. August 1905 b. Mikukuyumbu (Tansania)

DIEPOLDER, Sr. M. Walburga (Josefa)
St. Benediktus-Missionsschwester
* 27. August 1870 Grönenbach (Schwaben)
28. Juni 1892 Ew. Profeß
† 29. August 1905 b. Nyangao (Tansania)

LEUTHNER, P. Franziskus (Karl)
Missionsbenediktiner (aus Beuron)
* 29. März 1867 Friesenheim b. Lahr (Baden)
2. Juli 1890 PW – 8. Dezember 1897 Ew. Profeß
† 11. September 1905 b. Peramiho (Tansania)

IV. Salesianer Don Bocos in Brasilien (1920)

THANNHUBER, P. Josef
Salesianer Don Boscos
* 24. November 1880 Wurmannsquick
b. Altötting
18. Februar 1906 PW
† 29. August 1920 Missionsstation Palmeiras
(Brasilien)

V. Franziskaner in China (1927)

WÄLDELE, P. Hermenegild (Karl)
Franziskaner
* 28. Juni 1896 Oberkirch (Baden)
30. November 1923 Ew. Profeß – 29. Juni
1924 PW
† 3. November 1927 Missionsstation Tsiau-
öll-ling (Nordchina)

VI. Franziskanerin von der Unbefleckten Empfängnis Mariens von Bonlanden in Brasilien (1928)

SCHWEIZER, Sr. Benigna
Franziskanerin von der Unbefleckten
Empfängnis Mariens von Bonlanden
* 30. Oktober 1896 Deggingen (Kr. Göppingen)
2. September 1927 Ew. Profeß
† 29. Februar 1928 Sobradinho (heute Arroio
do Tigre/Brasilien)

VII. Hiltruper Missionare vom Heiligsten Herzen Jesu und Franziskaner in China (1928-1938)

1. Hiltruper Missionare vom Heiligsten Herzen Jesu

WINKELMANN, P. Josef
Herz-Jesu-Missionar
* 22. Juni 1896 Hiltrup b. Münster
25. Juli 1924 PW
† 26. November 1928 Ma-long-ki

KELLNER, P. Heinrich
Herz-Jesu-Missionar
* 27. September 1907 Magdeburg
27. Juli 1932 PW
† 17. April 1936 China

2. Franziskaner

PADBERG, P. Silvester (Heinrich)
Franziskaner
* 30. März 1906 Hildfeld (Sauerland)
1. Mai 1927 Ew. Profeß
† 14. Juni 1938 Sintai (heute Chaikia-chuang/China)

VIII. Missionsbenediktiner von St. Ottilien in der Mandschurei (China) (1932-1947)

RAPP, P. Konrad (Friedrich)
Propräfekt der Apost. Präfektur Yenki – Missionsbenediktiner
* 7. Januar 1896 Elzach (Baden)
7. Oktober 1923 Ew. Profeß - 19. Juli 1925 PW
† 5. Juni 1932 b. Tchakogu

ZELLNER, Br. Engelmar (Maximilian)
Missionsbenediktiner
* 10. August 1904 Stocking b. Passau
1. Januar 1929 Ew. Profeß
† 2. September 1945 Missionsstation Badougou

LUDWIG, P. Servatius (Otto)
Missionsbenediktiner
* 15. Juni 1907 Bous/Saar
17. Mai 1931 Ew. Profeß - 26. März 1933 PW
† 26. Mai 1946 Sinjan

KÖSTLER, P. Bonifatius (Josef Adam)
Missionsbenediktiner
* 21. Dezember 1897 München
5. Februar 1923 Ew. Profeß - 19. Juli 1924 PW
† 25. März 1947 Tchatogou

IX. Steyler Missionare und Missionsschwestern (Gesellschaft des Göttlichen Wortes / Dienerinnen des Heiligen Geistes in [Papua-]Neuguinea (1941-1945)

1. Steyler Missionare – auf der Akikaze

KOTRBA, P. Joseph
Steyler Missionar
* 13. Januar 1913 Chicago (USA)
1939 PW
† 19. Februar 1943 b. Bogia ([Papua-]Neuguinea)

MAY, P. Otto
Steyler Missionar
* 19. März 1903 [Ludwigshafen-]Oppau
1929 PW
† 15. März 1943 Kairiru ([Papua-]Neuguinea)

REIF, P. Wilhelm
Steyler Missionar
* 11. November 1903 Müglitz (Kr. Troppau)
1933 PW
† 15. März 1943 Kairiru ([Papua-]Neuguinea)

BERG, Br. Heldemarus (Bruno)
Steyler Missionar
* 17. Juni 1909 Peterswalde (Kr. Braunsberg)
† 17. März 1943 in der Bismarck-See (Pazifik)

BROCKHAUS, Br. Fabianus (Wilhelm)
Steyler Missionar
* 11. November 1911 Velen b. Coesfeld
† 17. März 1943 in der Bismarck-See (Pazifik)

BUDDE, Br. Hyazinthus (Otto)
Steyler Missionar
* 12. September 1904 [Castrop-Rauxel] Henrichenburg
† 17. März 1943 in der Bismarck-See (Pazifik)

BUKKEMS, Br. Melchior (Josef)
Steyler Missionar
* 7. Mai 1910 Asten (NL)
† 17. März 1943 in der Bismarck-See (Pazifik)

FRANKEN, Br. Benignus (Ernst)
Steyler Missionar
* 27. Januar 1902 Goch (Niederrhein)
† 17. März 1943 in der Bismarck-See (Pazifik)

GANAHL, Br. Rupertus (Adolf)
Steyler Missionar
* 4. Juni 1897 Innsbruck
† 17. März 1943 in der Bismarck-See (Pazifik)

KOMAR, Br. Siegbertus (Johann)
Steyler Missonar
* 7. November 1893 Griffen b. Klagenfurt
† 17. März 1943 in der Bismarck-See (Pazifik)

KUBITZA, Br. Bartholomäus (Johann)
Steyler Missionar
* 6. Februar 1877 Lublinitz (Oberschlesien)
† 17. März 1943 in der Bismarck-See (Pazifik)

LÖRKS, Joseph, Bischof
Titularbischof von Medelitanum- Steyler Missionar
* 24. März 1876 Hanselaer b. Kalkar (Niederrhein)
1900 PW – 17. Dezember 1933 BW
† 17. März 1943 in der Bismarck-See (Pazifik)

MANION, P. Arthur
Steyler Missionar
* 29. März 1901 Astoria (USA)
1934 PW
† 17. März 1943 in der Bismarck-See (Pazifik)

MATYL, Br. Andreas (Josef)
Steyler Missionar
* 26. Februar 1900 Tarnowitz (Oberschlesien)
† 17. März 1943 in der Bismarck-See (Pazifik)

MÜLLER, P. Andreas
Steyler Missionar
* 28. August 1900 [Meckenheim-]Ersdorf
1929 PW
† 17. März 1943 in der Bismarck-See (Pazifik)

POSMIK, Br. Ananias (Paul)
Steyler Missionar
* 9. Februar 1906 Groß-Peterwitz (Niederschlesien)
† 17. März 1943 in der Bismarck-See (Pazifik)

PRINZ, P. Gerhard
Steyler Missionar
* 16. April 1908 Köln
1936 PW
† 17. März 1943 in der Bismarck-See (Pazifik)

ROMANSKI, P. Johannnes
Steyler Missionar
* 21. August 1911 Plauten (Kr. Braunsberg)
† 17. März 1943 in der Bismarck-See (Pazifik)

SALOIS, Br. Victor (Alfred)
Steyler Missionar
* 29. Oktober 1908 Lindwood (USA)
† 17. März 1943 in der Bismarck-See (Pazifik)

SCHWARZ, Br. Raphael (Adolf)
Steyler Missionar
* 29. November 1907 Klein-Ellguth (Kr. Cosel)
† 17. März 1943 in der Bismarck-See (Pazifik)

WÄCHTER, P. Wilhelm
Steyler Missionar
* 15. Dezember 1906 Helmern b. Paderborn
1935 PW
† 17. März 1943 in der Bismarck-See (Pazifik)

WARNKE, Br. Ansgarius (Leo)
Steyler Missionar
* 26. März 1905 Lanken (Kr. Flatow)
† 17. März 1943 in der Bismarck-See (Pazifik)

WINZENHÖRLEIN, P. Franz
Steyler Missionar
* 2. Dezember 1876 Estenfeld (Kr. Würzburg)
1910 PW
† 17. März 1943 in der Bismarck-See (Pazifik)

WOLF, Br. Augustinus (Albert)
Steyler Missionar
* 1910 Seiffersdorf (Kr. Gurau)
† 17. März 1943 in der Bismarck-See
(Pazifik)

WASSENBERG, Br. Joachim (Theodor)
Steyler Missionar
* 9. Juni 1889 Roermond (NL)
† 31. Mai 1943 Kambot ([Papua-]Neuguinea)

2. Steyler Missionsschwestern – auf der Akikaze

ENGELBRECHT, Sr. Arildis (Paulina)
Steyler Missionsschwester
* 11. November 1903 Röthlein b. Schweinfurt
† 17. März 1943 in der Bismarck-See (Pazifik)

FUSENIG, Sr. Criscentia (Maria Barbara)
Steyler Missionsschwester
* 24. Mai 1905 Trierweiler (Eifel)
† 17. März 1943 in der Bismarck-See (Pazifik)

GIELE, Sr. Alphonsa (Maria)
Steyler Missionsschwester
* 11. April 1888 Schinkel b. Osnabrück
† 17. März 1943 in der Bismarck-See (Pazifik)

GROSSE KINTRUP, Sr. Imata (Maria Magdalena)
Steyler Missionsschwester
* 20. Juli 1889 Handorf b. Münster
† 17. März 1943 in der Bismarck-See
(Pazifik)

HANFELD, Sr. Perpetua (Maria Margaretha)
Steyler Missionsschwester
* 8. Juli 1879 Quendorf (Kr. Grafschaft Bentheim)
† 17. März 1943 in der Bismarck-See
(Pazifik)

HENKEL, Sr. Ubaldine (Maria)
Steyler Missionsschwester
* 14. Juni 1903 Berndorf b. Ravensburg
† 17. März 1943 in der Bismarck-See
(Pazifik)

JOERIS, Sr. Heriberta (Katharina)
Steyler Missionsschwester
* 25. Februar 1877 Karken b. Heinsberg (Rheinland)
† 17. März 1943 in der Bismarck-See
(Pazifik)

KÖTTER, Sr. Adelaide (Agnes)
Steyler Missionsschwester
* 24. Januar 1907 Freeport (USA)
† 17. März 1943 in der Bismarck-See
(Pazifik)

LINDEN, Sr. Iduberga (Veronika)
Steyler Missionsschwester
* 1. April 1905 Schleicherberg (Kr. Trier-Saarburg)
† 17. März 1943 in der Bismarck-See (Pazifik)

POHLKÖTTER, Sr. Aquina (Anna)
Steyler Missionsschwester
* 20. November 1885 Telgte b. Münster
† 17. März 1943 in der Bismarck-See (Pazifik)

ROLVERING, Sr. Hilliganda (Gertrud)
Steyler Missionsschwester
* 3. Juli 1903 Hengeler b. Stadtlohn (Westfalen)
† 17. März 1943 in der Bismarck-See
(Pazifik)

SCHLESIGER, Sr. Imeldina (Agatha)
Steyler Missionsschwester
* 5. September 1903 Gauden (Kr. Braunsberg)
† 17. März 1943 in der Bismarck-See (Pazifik)

SCHOLTEN, Sr. Heldemara (Johanna)
Steyler Missionsschwester
* 15. Juni 1905 [Oberhausen-]Sterkrade
† 17. März 1943 in der Bismarck-See (Pazifik)

STIJGER, Sr. Machuta (Margaretha)
Steyler Missionsschwester
* 19. März 1895 s'-Gravenhage (NL)
† 17. März 1943 in der Bismarck-See (Pazifik)

SURKAMP, Sr. Monica (Katharina)
Steyler Missionsschwester
* 5. Dezember 1913 Borghorst b. Steinfurt (Westfalen)
† 17. März 1943 in der Bismarck-See (Pazifik)

VEDDER, Sr. Kunigundis (Maria)
Steyler Missionsschwester
* 4. Juli 1881 Mellen b. Arnsberg (Sauerland)
† 17. März 1943 in der Bismarck-See (Pazifik)

WAGNER, Sr. Zeta (Cäcilia)
Steyler Missionsschwester
* 23. August 1907 Aign (Kr. Straubing)
† 17. März 1943 in der Bismarck-See (Pazifik)

ZIMMER, Sr. Anglina (Katharina)
Steyler Missionsschwester
* 9. Februar 1902 Hetzhof (Kr. Bernkastel-Wittlich)
† 17. März 1943 in der Bismarck-See (Pazifik)

3. Steyler Missionare – auf der Yorishima Maru

BAUMERT, P. Rudolf
Steyler Missionar
* 13. August 1906 Lauban (Kr. Liegnitz)
† 6. Februar 1944 b. Wewak

DVORCAK, Br. Cleophas (Emmerich)
Steyler Missionar
* 6. März 1908 Maly Saris (Slowakei)
† 6. Februar 1944 b. Wewak

FELZMANN, P. Johannes
Steyler Missionar
* 10. Juni 1898 Braunau (Böhmen)
† 6. Februar 1944 b. Wewak

HARTMANN, Br. Metellus (Heinrich)
Steyler Missionar
* 7. Juni 1894 Schüttenstein b. Münster
† 6. Februar 1944 b. Wewak

HOFFMANN, Br. Marcolinus (Johann)
Steyler Missionar
* 4. November 1901 Dülmen (Westfalen)
† 6. Februar 1944 b. Wewak

HÖRSCH, P. Joseph
Steyler Missionar
* 1. April 1882 Ahrweiler/Ahr
† 6. Februar 1944 b. Wewak

KONEN, P. Karl
Steyler Missionar
* 13. September 1903 Kleve (Niederrhein)
† 6. Februar 1944 b. Wewak

LUTTMER, P. Heinrich
Steyler Missionar
* 20. März 1899 Rieste b. Bersenbrück
† 6. Februar 1944 b. Wewak

van der MEER, Br. Jakobus (Theodor)
Steyler Missionar
* 23. Februar 1899 Roelofarendsveen (NL)
† 6. Februar 1944 b. Wewak

SCHEBESTA, P. Joseph
Steyler Missionar
* 18. Januar 1885 Groß-Peterwitz (Niederschlesien)
† 6. Februar 1944 b. Wewak

SCHROER, Br. Fabianus (Hermann)
Steyler Missionar
* 11. April 1898 Gescher (Westfalen)
† 6. Februar 1944 b. Wewak

SEIMETZ, Br. Matthias (Johann)
Steyler Missionar
* 17. April 1903 Costenbach b. Trier
† 6. Februar 1944 b. Wewak

STIENE, Br. Baldomerus (Heinrich)
Steyler Missionar
* 23. Dezember 1875 Lohe b. Lippstadt
† 6. Februar 1944 b. Wewak

SUCHSLAND, Br. Symphorian (Rudolf)
Steyler Missionar
* 28. August 1885 [Wuppertal-]Elberfeld
† 6. Februar 1944 b. Wewak

TRANEL, P. Wilhelm
Steyler Missionar
* 24. August 1902 Klein-Stavern (Kr. Meppen)
† 6. Februar 1944 b. Wewak

VOS, Br. Matthias (Bernhard)
Steyler Missionar
* 24. Juni 1887 Nordhorn (Kr. Grafschaft Bentheim)
† 6. Februar 1944 b. Wewak

WIEDL, Br. Cornelius (Joseph)
Steyler Missionar
* 14. November 1897 Unterflossing (Lkr. Mühldorf)
† 6. Februar 1944 b. Wewak

ZIESEL, Br. Jason (Willibald)
Steyler Missionar
* 20. September 1897 Bonlanden (Kr. Biberach)
† 6. Februar 1944 b. Wewak

ZIMMER, Br. Lucidius (Ludwig)
Steyler Missionar
* 22. Juli 1900 Altenwald b. Sulzbach/Saar
† 6. Februar 1944 b. Wewak

STRATHEN, Br. Syrus (Heinrich)
Steyler Missionar
* 20. Februar 1892 Rheydt (Rheinland)
† 7. Februar 1944 b. Wewak

WANTA, Br. Alois (Anton)
Steyler Missionar
* 22. Mai 1908 Groß Gartz (Westpreußen)
† 7. Februar 1944 b. Wewak

WOLF, Franz, Bischof
Apostolischer Vikar von Ost-Neuguinea
Steyler Missionar
* 2. Februar 1876 Essen-Borbeck
5. Februar 1899 PW - 28. Juni 1914 BW
† 23. Februar 1944 b. Wewak

4. Steyler Missionsschwestern – auf der Yorishima Maru

BERTELS, Sr. Egilberta (Katharina)
Steyler Missionsschwester
* 27. Mai 1894 Neunkirchen (Kr. Steinfurt)
† 6. Februar 1944 b. Wewak

BLANK, Sr. Festina (Katharina)
Steyler Missionsschwester
* 15. November 1904 [Horb am Neckar-] Bildechingen (Württemberg)
† 6. Februar 1944 b. Wewak

BRENDLER, Sr. Theresildis (Eugenie)
Steyler Missionsschwester
* 13. Mai 1910 Estenfeld (Kr. Würzburg)
* 6. Februar 1944 b. Wewak

BÜRGER, Sr. Emeliana (Josepha)
Steyler Missionsschwester
* 8. Juni 1907 Ostheide (Kr. Soest)
† 6. Februar 1944 b. Wewak

DIRSCH, Sr. Alberista (Walburga)
Steyler Missionsschwester
* 18. April 1902 Emsing b. Titting (Oberbayern)
† 6. Februar 1944 b. Wewak

EINZMANN, Sr. Annetta (Anna)
Steyler Missionsschwester
* 23. April 1894 Bruchsal
† 6. Februar 1944 b. Wewak

FRERICKS, Sr. Cunera (Maria Elisabeth)
Steyler Missionsschwester
* 10. Oktober 1899 Stokkum (NL)
† 6. Februar 1944 b. Wewak

GOUVERNEUR, Sr. Deotilla (Christine)
Steyler Missionsschwester
* 22. April 1907 Zwalbach b. Weißkirchen/Saar
† 6. Februar 1944 b. Wewak

HAAG, Sr. Matritia (Maria)
Steyler Missionar
* 4. April 1897 St. Paul (USA)
† 6. Februar 1944 b. Wewak

HEBING, Sr. Gudulana (Gertrud)
Steyler Missionsschwester
* 12. April 1912 Rhede (Kr. Borken)
† 6. Februar 1944 b. Wewak

KAMMERER, Sr. Basiella (Maria)
Steyler Missionsschwester
* 7. September 1904 Hagenheim (Kr. Landsberg)
† 6. Februar 1944 b. Wewak

KLEIN, Sr. Isbalda (Elisabeth)
Steyler Missionsschwester
* 18. Oktober 1906 Schlausenbach b. Prüm (Eifel)
† 6. Februar 1944 b. Wewak

KRÄMER, Sr. Constantina (Maria)
Steyler Missionsschwester
* 3. März 1888 Niedersalbach (Saarland)
† 6. Februar 1944 b. Wewak

KUHN, Sr. Bernereda (Magdalena)
Steyler Missionsschwester
* 3. Oktober 1900 Ramsenstrut b. Ellwangen (Württemberg)
† 6. Februar 1944 b. Wewak

MEIER, Sr. Theophane (Ines)
Steyler Missionsschwester
* 26. Juli 1906 Rochester (USA)
† 6. Februar 1944 b. Wewak

MÜLLER, Sr. Imelda (Magdalena)
Steyler Missionsschwester
* 7. September 1884 Lanzingen (Hessen)
† 6. Februar 1944 b. Wewak

MÜNDELEIN, Sr. Ferdinanda (Gertrud)
Steyler Missionsschwester
* 13. Juni 1886 Paderborn
† 6. Februar 1944 b. Wewak

ROSSA, Sr. Hermengardis (Marie)
Steyler Missionsschwester
* 2. Januar 1902 Dembowa (Oberschlesien)
† 6. Februar 1944 b. Wewak

SCHÄFER, Sr. Milita (Emma)
Steyler Missionsschwester
* 1. Januar 1902 Königsheim b. Tuttlingen
† 6. Februar 1944 b. Wewak

STEINKELLER, Sr. Valentina (Rosa)
Steyler Missionsschwester
* 26. September 1880 Goldrain (Südtirol)
† 6. Februar 1944 b. Wewak

TEUFEL, Sr. Loyolina (Maria)
Steyler Missionsschwester
* 22. Januar 1900 Mallersdorf (Niederbayern)
† 6. Februar 1944 b. Wewak

TUPPINGER, Sr. Rotrudis (Elisabeth)
Steyler Missionsschwester
* 12. Mai 1907 Plechberg b. Kremsbrücken (Östr.)
† 6. Februar 1944 b. Wewak

UHLENBROCK, Sr. Dionora (Maria)
Steyler Missionsschwester
* 3. Juni 1901Waltrop (Kr. Recklinghausen)
† 6. Februar 1944 b. Wewak

VELZEN, Sr. Alquirina (Elisabeth) van
Steyler Missionsschwester
* 11. Dezember 1908 Maasland (NL)
† 6. Februar 1944 b. Wewak

WEHINGER, Sr. Annacrescenz (Mechtilde)
Steyler Missionsschwester
* 25. Februar 1910 [Geisingen-]Aulfingen (Kr. Tuttlingen)
† 6. Februar 1944 b. Wewak

ZIRKEL, Sr. Barnaba (Sophie)
Steyler Missionsschwester
* 5. April 1877 Dansenberg b. Kaiserslautern
† 6. Februar 1944 b. Wewak

ZÖLCH, Sr. Melasia (Maria)
Steyler Missionsschwester
* 15. September 1902 Pilmersreuth (Oberpfalz)
† 6. Februar 1944 b. Wewak

HENDRIKS, Sr. Dormitiana (Gertrudis)
Steyler Missionsschwester
* 18. Juni 1900 Horn (NL)
† 9. Februar 1944 b. Wewak

YPELAAR, Sr. Adulpha (Adriana)
Steyler Missionsschwester
* 6. März 1891 Loon op Zand (NL)
† 13. Februar 1944 Hollandia (Jayapura)

VORDERWÜLBECKE, Sr. Almaria (Agatha)
Steyler Missionsschwester
* 2. Februar 1915 Olsberg (Sauerland)
† 16. Februar 1944 b. Wewak

HENNES, Sr. Gertraud (Helene)
Steyler Missionsschwester
* 5. April 1880 Saalhausen (Ostwestfalen)
† 17. Februar 1944 b. Wewak

DIETZEN, Sr. Ehrentrudis (Katharina)
Steyler Missionsschwester
* 11. September 1884 Tarforst b. Trier
† 24. Februar 1944 b. Wewak

HALLERBACH, Sr. Theodoriana (Maria)
Steyler Missionsschwester
* 21. Oktober 1898 [Oberhausen-]Sterkrade
† 27. Februar 1944 b. Wewak

RUHOLL, Sr. Dolorosia (Anna)
Steyler Missionsschwester
* 6. Dezember 1892 Lillyville (USA)
† 27. März 1944 b. Wewak

BEURDEN, Sr. Godeberta (Adriana) van
Steyler Missionsschwester
* 6. September 1893 Haaren (NL)
† 7. April 1944 b. Wewak

SÜDBROCK,Claria Maria
Steyler Missionsschwester
* 15. Februar 1902 Röckinghausen (Sauerland)
† 12. April 1944 b. Wewak

X. Steyler Missionare (Gesellschaft des Göttlichen Wortes) auf den Philippinen (1942-1944)

FINNEMANN, Wilhelm, Bischof
Oberhirte von Mindoro – Steyler Missionar
* 18. Dezember 1882 Hultrop (Kr. Soest)
9. September 1911 Ew. Profeß – 29. September 1911 PW – 11. Mai 1929 BW
† 26. Oktober 1942 Insel Mindoro (Philippinen)

BUTTENBRUCH, P. Theodor
Steyler Missionar
* 1886 Oberhausen-Osterfeld
1910 PW
† 14. November 1944 Philippinen

XI. Brüder der Christlichen Schulen der Provinz Zentraleuropa in Manila (Philippinen) (1945)

BENDER, Br. Adelf Gebhard (Alfons)
Schulbruder
* 12. Mai 1914 Herdorf/Sieg
1939 Ew. Profeß
† 12. Februar 1945 Manila

GELB, Br. Berthwin Philibert (Hermann Joseph)
Schulbruder
* 13. Oktober 1913 Hockenheim (Baden)
1940 Ew. Profeß
† 12. Februar 1945 Manila

HASTREITER, Br. Gerfried (Joseph)
Schulbruder
* 23. August 1912 Furth i. Wald (Lkr. Cham)
1938 Ew. Profeß
† 12. Februar 1945 Manila

HENGELBROCK, Br. Mutwald William (Wilhelm)
Schulbruder
* 10. November 1907 Osnabrück
1939 Ew. Profeß
† 12. Februar 1945 Manila

KÄMMERLING, Br. Lambert Romanus (Ernst)
Schulbruder
* 28. April 1917 Erkelenz (Rheinland)
1942 Ew. Profeß
† 12. Februar 1945 Manila

KREITNER, Br. Hartmann Hubert (Lorenz)
Schulbruder
* 23. Oktober 1912 Mannheim
1938 Ew. Profeß
† 12. Februar 1945 Manila

KUNTZ, Br. Friedebert-Johannes (Johannes)
Schulbruder
* 15. Juli 1915 Rheinfelden (Baden)
1940 Ew. Profeß
† 12. Februar 1945 Manila

MEIER, Br. Maximin Maria (Johann Nepomuk)
Schulbruder
* 30. September 1913 Frommersbach b. Trier
1938 Ew. Profeß
† 12. Februar 1945 Manila

SEIPEL, Br. Paternus Paul (Alois)
Schulbruder
* 21. März 1908 Marborn (Hessen)
1935 Ew. Profeß
† 12. Februar 1945 Manila

SPIEKER, Br. Arkadius Maria (Wilhelm)
Schulbruder
* 10. November 1910 Kassel
1935 Ew. Profeß
† 12. Februar 1945 Manila

WEGNER, Br. Romuald Sixtus (Helmut Jakob)
Schulbruder
* 29. August 1914 Ludwigshafen/Rhein
1939 Ew. Profeß
† 12. Februar 1945 Manila

WEHLE, Br. Viktorinus Heinrich (Konrad)
Schulbruder
* 21. November 1914 Grünmettstetten (Württemberg)
1940 Ew. Profeß
† 12. Februar 1945 Manila

XII. Marist in [Papua-]Neuguinea (1945)

WEBER, P. Wilhelm
Marist
* 21. März 1905 Gelsenkichen
29. Juni 1932 PW
† 8. März 1945 Insel Bougainville

XIII. Steyler Missionare (Gesellschaft des Göttlichen Wortes) in China (1944-1952)

MÜLLER, P. August
Steyler Missionar
* 1912 [Warburg-]Daseburg (Westfalen)
1939 PW
† 18. Mai 1944 Siaochukia-tsun (China)

MÜLLER, P. Paul
Steyler Missionar
* 26. März 1896 Müskendorf (Ostpreußen)
13. Mai 1926 PW
† 2. November 1952 Lanchow (China)

XIV. Franziskaner in China (1947-1952)

HOLZUM, P. Augustin (Karl-Heinz)
Franziskaner
* 13. März 1911 Krefeld
26. November 1934 Ew. Profeß – 29. Juni 1937 PW
† 1. Januar 1947 Yaen-tou (China)

JARRE, Cyrillus (Rudolf), Erzbischof
Oberhirte von Tsinan – Franziskaner
* 2. Februar 1878 Ahrweiler/Ahr
14. August 1903 PW – 11. Mai 1929 BW
† 8. Februar 1952 Tsinan (China)

XV. Missionare der Abtei Tokwon (Nordkorea) bzw. der Benediktinerkongregation von St. Ottilien und Tutzinger Missionsbenediktinerinnen (1949-1952)

1. Missionare der Abtei Tokwon (Nordkorea) bzw. der Benediktinerkongregation von St. Ottilien

FARRENKOPF, P. Witmar (Longin)
Missionsbenediktiner
* 23. August 1906 Neudorf b. Miltenberg
22. Mai 1932 Ew. Profeß - 17. März 1934 PW
† 23. August 1945 Hoiryong

GERNERT, Br. Petrus (Josef Valentin)
Missionsbenediktiner
* 14. Februar 1882 Kleinwallstadt (Unterfranken)
11. Juli 1909 Ew. Profeß
† 3. Juli 1949 Gefängnis Oksadok

METZGER, Br. Markus (Simon)
Missionsbenediktiner
* 26. Januar 1879 Monatshausen/Traubling b. Augsburg
14. Oktober 1900 Ew. Profeß
† 3. August 1949 Gefängnis Oksadok

LOHMEIER, Br. Eusebius (Maximilian)
Missionsbenediktiner
* 12. Februar 1897 Mering (Schwaben)
5. April 1923 Ew. Profeß
† 1. September 1949 Gefängnis Oksadok

OSTERMEIER, Br. Eugen (Michael)
Missionsbenediktiner
* 17. September 1885 München
3. Februar 1910 Ew. Profeß
† 14. September 1949 Gefängnis Oksadok

SAUER, Bonifatius (Josef), Abt-Bischof
Bischof von Hamheung – Missionsbenediktiner
* 10. Januar 1877 Oberuffhausen (Hessen)
21. März 1903 Ew. Profeß – 26. Juli 1903 PW - 1. Mai 1927 BW
† 7. Februar 1950 Gefängnis Pyongyang

HAUSER, Br. Basilius (Martin)
Missionsbenediktiner
* 10. November 1886 Polling (Lkr. Mühldorf)
12. Oktober 1913 Ew. Profeß
† 14. Februar 1950 Gefängnis Oksadok

KLINGSEIS, P. Rupert (Josef)
Missionsbenediktiner
* 5. Januar 1890 München
11. Oktober 1914 Ew. Profeß - 16. Juli 1915 PW
† 6. April 1950 Gefängnis Pyongyang

FANGAUER, Br. Paschalis (Johann Baptist)
Missionsbenediktiner
* 8. Januar 1882 Eglfing b. Regensburg
20. Oktober 1907 Ew. Profeß
† 16. April 1950 Gefängnis Oksadok

ENK, P. Dagobert (Otto Friedrich)
Missionsbenediktiner
* 15. September 1907 München
17. Mai 1931 Ew. Profeß – 26. April 1933 PW
† 3. Oktober 1950 Gefängnis Pyongyang

ROTH, P. Dr. Lucius (Konrad)
Missionsbenediktiner
* 19. Februar 1890 Weichtungen (Unterfranken)
16. Oktober 1913 Ew. Profeß - 5. Juli 1914 PW
† 3. Oktober 1950 Gefängnis Pyongyang

STEGER, P. Gregor (Karl)
Missionsbenediktiner
* 30. Dezember 1900 Tröbel b. Regensburg
12. Juli 1925 Ew. Profeß – 11. Juli 1926 PW
† 3. Oktober 1950 Gefängnis Pyongyang

GIEGERICH, Br. Gregor (Ludwig)
Missionsbenediktiner
* 29. April 1913 Großwallstadt (Unterfranken)
19. Januar 1936 Ew. Profeß
† 4. Oktober 1950 Gefängnis Pyongyang

GRAHAMER, Br. Josef (Benno)
Missionsbenediktiner
* 1. Juni 1888 Eisenhofen b. München
16. Januar 1910 Ew. Profeß
† 4. Oktober 1950 Gefängnis Pyongyang

FISCHER, Br. Ludwig (Karl)
Missionsbenediktiner
* 28. Oktober 1902 [Kreßberg-]Unterstelzhausen (Württemberg)
† 11. Oktober 1950 Gefängnis Pyongyang

DES ENFFANS D'AVERNAS, P. Kanut (Benedikt), Graf
Missionsbenediktiner
* 11. März 1884 Schirmdorf (Östr.)
13. August 1914 PW – 27. August 1915 Ew. Profeß
† 6. November 1950 Gefängnis Manpo

SORGER, P. Gregor (Ludwig Karl Friedrich)
Missionsbenediktiner
* 19. November 1906 Spaichingen (Kr. Tuttlingen)
29. Juni 1932 Ew. Profeß - 5. August 1934 PW
† 15. November 1950 Gefängnis Manpo

HOISS, Br. Hilarius (Benedikt)
Missionsbenediktiner
* 27. Juni 1888 Unterau (Bayern)
1. November 1913 Ew. Profeß
† 12. Dezember 1950 Gefängnis Manpo

HERMANN, Br. Solanus (Rudolf)
Missionsbenediktiner
* 19. Mai 1909 Thal (Schwaben)
7. Juni 1936 Ew. Profeß
† 13. Dezember 1950 Gefängnis Manpo

ROMER, P. Anselm (Josef)
Missionsbenediktiner
* 7. Dezember 1885 Ingerkingen b. Tübingen
1. Januar 1911 Ew. Profeß - 3. Mai 1911 PW
† 9. November 1951 Gefängnis Oksadok

FLÖTZINGER, Br. Ildefons (Andreas)
Missionsbenediktiner
* 20. Juli 1878 Taiding (Oberbayern)
10. Oktober 1909 Ew. Profeß
† 20. März 1952 Gefängnis Oksadok

AUER, Br. Gottlieb (Johann Baptist)
Missionsbenediktiner
* 25. Oktober 1887 Lauterhofen (Oberpfalz)
10. Oktober 1909 Ew. Profeß
† 6. April 1952 Gefängnis Oksadok)

OTT, P. Kunibert (Blasius)
Missionsbenediktiner
* 2. Juli 1912 Edelstetten (Lkr. Günzburg)
29. August 1937 Ew. Profeß – 30. April 1939 PW
† 28. Juni 1952 Gefängnis Oksadok

SCHLEICHER, P. Dr. Arnulf (Josef)
Missionsbenediktiner
* 21. September 1906 Pfaumloch b. Stuttgart
15. Mai 1926 Ew. Profeß – 13. Juli 1930 PW
† 28. Juni 1952 Gefängnis Oksadok

und die Gefährten

KIM, P. Benedikt (Augustinus)
Missionsbenediktiner
* 31. März 1914 Kal-kok-ri (Korea)
1. Mai 1942 PW
† 5. Oktober 1950 Gefängnis Oksadok

KIM, P. Bernhard (Bernhard)
Missionsbenediktiner
* 12. Februar 1918 Sam-won-pong (Korea)
6. April 1948 PW
† 5. Oktober 1950 Gefängnis Oksadok

KIM, P. Martin (Hieronymus)
Missionsbenediktiner
* 20. Juli 1920 Yang-yang (Korea)
26. Dezember 1948 PW
† 5. Oktober 1950 Gefängnis Oksadok

RI, P. Laurentius (Stephan)
Missionsbenediktiner
* 8. März 1915 Sin-am-ri (Korea)
24. Juni 1939 PW
† 5. Oktober 1950 Gefängnis Oksadok

2. Tutzinger Missionsbenediktinerinnen

SCHÜTZ, Sr. M. Eva (Eugenie)
Missionsbenediktinerin
* 10. April 1899 Bernried (Oberbayern)
† 10. August 1950 Gefängnis Oksadok

GERSTMAYER, Sr. M. Fructuosa (Maria)
Missionsbenediktinerin
* 4. Februar 1898 Weingarten (Württemberg)
† 16. September 1952 Gefängnis Oksadok

XVI. Hiltruper Missionar vom Heiligsten Herzen Jesu und Kleine Brüder Jesu im Kongo (heute Zaire) (1964)

1. Hiltruper Missionar vom Heiligsten Herzen Jesu

WEBER, P. Karl Maria
Herz-Jesu-Missionar
* 15. März 1908 Straubing
† 1. November 1964 Ikela

2. Kleine Brüder Jesu

EBERLEIN, Br. Heinz vom Kreuz (Heinz)
Kleiner Bruder Jesu von Charles de Foucauld
* 18. Juli 1935 Wingendorf b. Betzdorf/Sieg
† 26. November 1964 b. Mambasa

SARNES, Br. Bernhard Ignatius
Kleiner Bruder Jesu von Charles de Foucauld
* 30. Januar 1936 Haldenau (Oberschlesien)
† 26. November 1964 b. Mambasa

XVII. Salesianer Don Boscos in Brasilien (1976)

LUNKENBEIN, P. Rudolf
Salesianer Don Boscos
* 1. April 1939 Döringstadt (Oberfranken)
29. Juni 1969 PW
† 15. Juli 1976 Meruri

XVIII. Missionsdominikanerinnen vom Heiligsten Herzen Jesu in Rhodesien (heute Simbabwe) (1977)

LEWANDOWSKI, Sr. Magdala (Christa Elisabeth)
Missionsdominikanerin
* 2. August 1933 Kiel
† 6. Februar 1977 Musami-Mission

SCHNEIDER, Sr. Epiphany (Berta)
Missionsdominikanerin
* 2. April 1903 München
† 6. Februar 1977 Musami-Mission

STIEGLER, Sr. Ceslaus (Anna)
Missionsdominikanerin
* 15. August 1916 Michldorf (Oberpfalz)
† 6. Februar 1977 Musami-Mission

XIX. Jesuiten in Rhodesien (heute Simbabwe) (1978)

LISSON, Br. Bernhard
Jesuit
* 21. August 1909 Bowallno (Kr. Oppeln)
2. Februar 1942 Ew. Profeß
† 27. Juni 1978 Magondi

RICHERT, P. Gregor
Jesuit
* 10. Mai 1930 Tannsee b. Danzig
† 27. Juni 1978 Magondi

PIEPER, P. Gerhard
Jesuit
* 18. Juni 1940 Berlin-Treptow
12. Juli 1970 PW
† 26. Dezember 1978 Kangaire

XX. Mariannhiller Missionare und (Mariannhiller) Missionsschwester vom Kostbaren Blut inkl. Missionsärztin in Rhodesien (heute Simbabwe) (1976-1988)

SCHMITT, Adolph (Gregor), Bischof
Alt-Bischof von Bulawayo – Mariannhiller Missionar
* 20. April 1905 Rimpar (Unterfranken)
1. März 1931 PW – 2. April 1951 BW
† 5. Dezember 1976 Lupane

van den BERG, Sr. Francis (Elsbeth)
Marianhiller Missionsschwester vom Kostbaren Blut
* 27. Juni 1935 Remscheid
† 5. Dezember 1976 Regina Mundi (Provinz Bulawayo)

WEGGARTNER, P. Possenti (Anton)
Mariannhiller Missionar
* 23. Mai 1907 Pelkering (Niederbayern)
7. Mai 1932 Ew. Profeß – 10. März 1933 PW
† 5. Dezember 1976 Lupane

DECKER, Dr. Johanna
Missionsärztin
* 19. Juni 1918 Nürnberg
† 9. August 1977 Lupane

GEYERMANN, Br. Peter (Edmund)
Mariannhiller Missionar
* 14. Juli 1941 Wirfus b. Cochem/Mosel
29. September 1963 Ew. Profeß
† 2. Juni 1978 Embakwe-Mission (Provinz Bulawayo)

SOMMERREISER, P. Edmar (Georg)
Mariannhiller Missionar
* 30. Januar 1913 Ortelfingen b. Donauwörth
29. Juni 1940 PW
† 25. April 1981 Lupane

KNÖRL, Br. Kilian (Valentin)
Mariannhiller Missionar
* 19. Februar 1930 Heroldsberg (Oberfranken)
1. Mai 1953 Ew. Profeß
† 19. April 1988 Empandeni

INDEX

In den folgenden Registern werden ausschließlich die Namen der Martyrer mit ihren jeweiligen Geburts- und Sterbeorten berücksichtigt.

Personenregister

Ortsregister

VERZEICHNIS DER ABBILDUNGEN

1. Seliger Dompropst Bernhard Lichtenberg (1875-1943)
   Priester des [Erz-]Bistums Berlin
   (Arbeitsstelle für Zeitgeschichte im Erzbistum Berlin)

2. Kaplan Aloys Andritzki (1914-1943)
   Priester des Bistums [Dresden-]Meißen
   (Archiv des Bistums Dresden Meißen)

3. Seliger Neupriester Karl Leisner (1915-1945)
   Priester des Bistums Münster
   (Archiv des Bistums Münster)

4. Pfarrer Georg Häfner (1900-1942)
   Priester des Bistums Würzburg
   (Staatsarchiv Würzburg, Gestapostelle Würzburg, Nr. 190)

5. Kaplan Gerhard Hirschfelder (1907-1942)
   Priester aus der Grafschaft Glatz
   (Archiv der Visitatur Glatz, Münster)

6. P. Engelmar (Hubert) Unzeitig (1911-1945)
   Mariannhiller Missionar
   (Archiv Mariannhill, Köln)

7. Heilige Schwester Teresia Benedicta a Cruce (Dr. Edith Stein) (1891-1942)
   Unbeschuhte Karmelitin
   (Edith-Stein-Archiv, Köln)

8. Nikolaus Groß (1908-1945)
   Hauptschriftleiter der Westdeutschen Arbeiterzeitung bzw. Kettelerwacht
   (Privatarchiv Bernhard Groß, Dinslaken)

Martyrologium Germanicum

Zeugen für Christus

Das deutsche Martyrologium des 20. Jahrhunderts

Herausgeben von *Helmut Moll*
im Auftrag der Deutschen Bischofskonferenz

1999. 2 Bände, zus. ca. 1.500 Seiten, über 500 Abbildungen,
Leinen mit Schutzumschlag
ISBN 3-506-75778-4

»In unserem Jahrhundert sind die Martyrer zurückgekehrt, häufig unbekannt, gleichsam 'unbekannte Soldaten' der großen Sache Gottes (...). Das Zeugnis für Christus bis hin zum Blutvergießen ist gemeinsames Erbe von Katholiken, Orthodoxen, Anglikanern und Protestanten geworden. (...). Das ist ein Zeugnis, das nicht vergessen werden darf.«

Papst Johannes Paul II. in seinem Apostolischen Schreiben
„Tertio millenio adveniente" vom 10. November 1994

Papst Johannes Paul II., der selbst seine Jugendzeit unweit der Schrecken von Auschwitz verbrachte, hat 1994 den ersten Anstoß gegeben, eine alle Kontinente umfassende Martyrergeschichte des 20. Jahrhunderts auf den Weg zu bringen, die für das Heilige Jahr 2000 bestimmt ist.

Das **»Deutsche Martyrologium«** versteht sich als Teil dieses großen Gesamtprojekts. In dreijähriger Arbeit haben über 100 Fachleute die Lebensbilder von mehr als 700 katholischen Martyrern und Martyrerinnen erarbeitet. Auch nicht-katholische Glaubenszeugen werden namentlich erwähnt, sofern sie in ökumenischen Gruppen tätig waren.

Jede Biographie ist, soweit verfügbar, mit einem Photo des betreffenden Martyrers versehen und enthält Quellen- und Literaturhinweise für eine vertiefte Beschäftigung mit seiner Person und seinem Leben.

Schöningh